# 分野別 小学入試練習帳 ジュニアウォッチャー

| | |
|---|---|
| 1. 点・線図形 | 小学校入試で出題頻度の高い『点・線図形』の模写を、難易度の低いものから段階別に幅広く練習することができるように構成。 |
| 2. 座標 | 図形の位置模写という作業を、難易度の低いものから段階別に練習できるように構成。 |
| 3. パズル | 様々なパズルの問題を難易度の低いものから段階別に練習できるように構成。 |
| 4. 同図形探し | 小学校入試で出題頻度の高い、同図形選びの問題を繰り返し練習できるように構成。 |
| 5. 回転・展開 | 図形などを回転、または展開したとき、形がどのように変化するかを学習し、理解を深められるように構成。 |
| 6. 系列 | 数、図形などの様々な系列問題を、難易度の低いものから段階別に練習できるように構成。 |
| 7. 迷路 | 迷路の問題を繰り返し練習できるように構成。 |
| 8. 対称 | 対称に関する問題を４つのテーマに分類し、各テーマごとに問題を段階別に練習できるように構成。 |
| 9. 合成 | 図形の合成に関する問題を、難易度の低いものから段階別に練習できるように構成。 |
| 10. 四方からの観察 | もの（立体）を様々な角度から見て、どのように見えるかを推理する問題を段階別に整理し、１つの形式で複数の問題を練習できるように構成。 |
| 11. いろいろな仲間 | ものや動物、植物の共通点を見つけ、分類していく問題を中心に構成。 |
| 12. 日常生活 | 日常生活における様々な問題を６つのテーマに分類し、各テーマごとに一つの問題形式で複数の問題を練習できるように構成。 |
| 13. 時間の流れ | 『時間』に着目し、様々なものごとは、時間が経過するとどのように変化するのかということを学習し、理解できるように構成。 |
| 14. 数える | 様々なものを『数える』ことから、数の多少の判定やかけ算、わり算の基礎までを練習できるように構成。 |
| 15. 比較 | 比較に関する問題を５つのテーマ（数、高さ、長さ、量、重さ）に分類し、各テーマごとに問題を段階別に練習できるように構成。 |
| 16. 積み木 | 数える対象を積み木に限定した問題集。 |
| 17. 言葉の音遊び | 言葉の音に関する問題を５つのテーマに分類し、各テーマごとに問題を段階別に練習できるように構成。 |
| 18. いろいろな言葉 | 表現力をより豊かにするいろいろな言葉として、擬態語や擬声語、同音異義語、反意語、数詞を取り上げた問題集。 |
| 19. お話の記憶 | お話を聴いてその内容を記憶、理解し、設問に答える形式の問題集。 |
| 20. 見る記憶・聴く記憶 | 「見て憶える」「聴いて憶える」という『記憶』分野に特化した問題集。 |
| 21. お話作り | いくつかの絵を元にしてお話を作る練習をして、想像力を養うことができるように構成。 |
| 22. 想像画 | 描かれてある形や景色に好きな絵を描くことにより、想像力を養うことができるように構成。 |
| 23. 切る・貼る・塗る | 小学校入試で出題頻度の高い、はさみやのりなどを用いた巧緻性の問題を繰り返し練習できるように構成。 |
| 24• 絵画 | 小学校入試で出題頻度の高い、お絵かきやぬり絵などクレヨンやクーピーペンを用いた巧緻性の問題を繰り返し練習できるように構成。 |
| 25. 生活巧緻性 | 小学校入試で出題頻度の高い日常生活の様々な場面における巧緻性の問題集。 |
| 26. 文字・数字 | ひらがなの清音、濁音、拗音、拗長音、促音と１～20までの数字に焦点を絞り、練習できるように構成。 |
| 27. 理科 | 小学校入試で出題頻度が高くなりつつある理科の問題を集めた問題集。 |
| 28. 運動 | 出題頻度の高い運動問題を種目別に分けて構成。 |
| 29. 行動観察 | 項目ごとに問題提起をし、「このような時はどうか、あるいはどう対処するのか」の観点から問いかける形式の問題集。 |
| 30. 生活習慣 | 学校から家庭に提起された問題と思って、一問一問絵を見ながら話し合い、考える形式の問題集。 |

| | |
|---|---|
| 31. 推理思考 | 数、量、言語、常識（含理科、一般）など、諸々のジャンルから問題を構成し、近年の小学校入試問題傾向に沿って構成。 |
| 32. ブラックボックス | 箱や筒の中を通ると、どのようなお約束でどのように変化するかを推理・思考する問題集。 |
| 33. シーソー | 重さの違うものをシーソーに乗せた時どちらに傾くのか、またどうすればシーソーは釣り合うのかを思考する基礎的な問題集。 |
| 34. 季節 | 様々な行事や植物などを季節別に分類できるように知識をつける問題集。 |
| 35. 重ね図形 | 小学校入試で頻繁に出題されている「図形を重ね合わせてできる形」についての問題を集めました。 |
| 36. 同数発見 | 様々な物を数え「同じ数」を発見し、数の多少の判断や数の認識の基礎を学べるように構成した問題集。 |
| 37. 選んで数える | 数の学習の基本となる、いろいろなものの数を正しく数える学習を行う問題集。 |
| 38. たし算・ひき算１ | 数字を使わず、たし算とひき算の基礎を身につけるための問題集。 |
| 39. たし算・ひき算２ | 数字を使わず、たし算とひき算の基礎を身につけるための問題集。 |
| 40. 数を分ける | 数を等しく分ける問題です。等しく分けたときに余りが出るものもあります。 |
| 41. 数の構成 | ある数がどのような数で構成されているか学んでいきます。 |
| 42. 一対多の対応 | 一対一の対応から、一対多の対応まで、かけ算の考え方の基礎学習を行います。 |
| 43. 数のやりとり | あげたり、もらったり、数の変化をしっかりと学びます。 |
| 44. 見えない数 | 指定された条件から数を導き出します。 |
| 45. 図形分割 | 図形の分割に関する問題集。パズルや合成の分野にも通じる様々な問題を集めました。 |
| 46. 回転図形 | 「回転図形」に関する問題集。やさしい問題から始め、いくつかの代表的なパターンから、段階を踏んで学習できるよう編集されています。 |
| 47. 座標の移動 | 「マス目の指示通りに移動する問題」と「指示された数だけ移動する問題」を収録。 |
| 48. 鏡図形 | 鏡で左右反転させた時の見え方を考えます。平面図形から立体図形、文字、絵まで。 |
| 49. しりとり | すべての学習の基礎となる「言葉」を学ぶこと、特に「語彙」を増やすことに重点をおき、さまざまなタイプの「しりとり」問題を集めました。 |
| 50. 観覧車 | 観覧車やメリーゴーラウンドなどを舞台にした「回転系列」の問題集。「推理思考」分野の問題ですが、要素として「図形」や「数量」も含みます。 |
| 51. 運筆① | 鉛筆の持ち方を学び、点線なぞり、お手本を見ながらの模写で、線を引く練習をします。 |
| 52. 運筆② | 運筆①からさらに発展し、「欠所補完」や「迷路」などを楽しみながら、より複雑な鉛筆運びを習得することを目指します。 |
| 53. 四方からの観察 積み木編 | 積み木を使用した「四方からの観察」に関する問題を練習できるように構成。 |
| 54. 図形の構成 | 見本の図形がどのような部分によって形づくられているかを考えます。 |
| 55. 理科② | 理科的知識に関する問題を集中して練習する「常識」分野の問題集。 |
| 56. マナーとルール | 道路や駅、公共の場でのマナー、安全や衛生に関する常識を学べるように構成。 |
| 57. 置き換え | さまざまな具体的・抽象的事象を記号で表す「置き換え」の問題を扱います。 |
| 58. 比較② | 長さ・高さ・体積・数などを数学的な知識を使わず、論理的に推測する「比較」の問題を練習できるように構成。 |
| 59. 欠所補完 | 線と線のつながり、欠けた絵に当てはまるものなどを求める「欠所補完」に取り組める問題集です。 |
| 60. 言葉の音（おん） | しりとり、決まった順番の音をつなげるなど、「言葉の音」に関する問題に取り組める練習問題集です。 |

# ◆◆ニチガクのおすすめ問題集◆◆

**より充実した家庭学習を目指し、ニチガクではさまざまな問題集をとりそろえております !!**

## サクセスウォッチャーズ（全18巻）

①〜⑱
本体各￥2,200＋税

全９分野を「基礎必修編」「実力アップ編」の２巻でカバーした、合計18冊。

各巻80問と豊富な問題数に加え、他の問題集では掲載していない詳しいアドバイスが、お子さまを指導する際に役立ちます。

各ページが、すぐに使えるミシン目付き。本番を意識したドリルワークが可能です。

## ジュニアウォッチャー（既刊60巻）

①〜⑥⓪（以下続刊）
本体各￥1,500＋税

入試出題頻度の高い９分野を、さらに60の項目にまで細分化。基礎学習に最適のシリーズ。

苦手分野におけるつまずきを、効率よく克服するための60冊です。

ポイントが絞られているため、無駄なく高い効果を得られます。

## 国立・私立 NEW ウォッチャーズ

言語／理科／図形／記憶
常識／数量／推理
本体各￥2,000＋税

シリーズ累計発行部数40万部以上を誇る大ベストセラー「ウォッチャーズシリーズ」の趣旨を引き継ぐ新シリーズ!!

実際に出題された過去問の「類題」を32問掲載。全問に「解答のポイント」付きだから家庭学習に最適です。「ミシン目」付き切り離し可能なプリント学習タイプ！

## 実践 ゆびさきトレーニング①・②・③

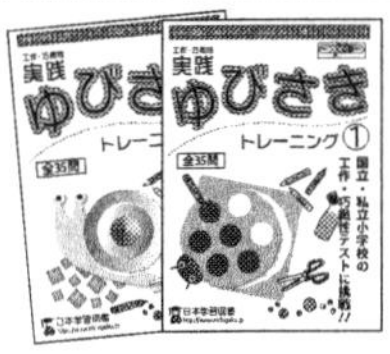


本体各￥2,500＋税

制作問題に特化した一冊。有名校が実際に出題した類似問題を35問掲載。

様々な道具の扱い(はさみ・のり・セロハンテープの使い方）から、手先・指先の訓練（ちぎる・貼る・塗る・切る・結ぶ）、また、表現することの楽しさも経験できる問題集です。

## お話の記憶・読み聞かせ

［お話の記憶問題集］
中級／上級編
本体各￥2,000＋税

初級／過去類似編／ベスト30
本体各￥2,600＋税

1話5分の読み聞かせお話集①・②、入試実践編①
本体各￥1,800＋税

あらゆる学習に不可欠な、語彙力・集中力・記憶力・理解力・想像力を養うと言われているのが「お話の記憶」分野の問題。問題集は全問アドバイス付き。

## 分野別 苦手克服シリーズ（全６巻）

図形／数量／言語／
常識／記憶／推理
本体各￥2,000＋税

数量・図形・言語・常識・記憶の６分野。アンケートに基づいて、多くのお子さまがつまづきやすい苦手問題を、それぞれ40問掲載しました。

全問アドバイス付きですので、ご家庭において、そのつまづきを解消するためのプロセスも理解できます。

## 運動テスト・ノンペーパーテスト問題集

新 運動テスト問題集
本体￥2,200＋税

新 ノンペーパーテスト問題集
本体￥2,600＋税

ノンペーパーテストは国立・私立小学校で幅広く出題される、筆記用具を使用しない分野の問題を全40問掲載。

運動テスト問題集は運動分野に特化した問題集です。指示の理解や、ルールを守る訓練など、ポイントを押さえた学習に最適。全35問掲載。

## 口頭試問・面接テスト問題集

新 口頭試問・個別テスト問題集
本体￥2,500＋税

面接テスト問題集
本体￥2,000＋税

口頭試問は、主に個別テストとして口頭で出題解答を行うテスト形式。面接は、主に「考え」やふだんの「あり方」をたずねられるものです。

口頭で答える点は同じですが、内容は大きく異なります。想定する質問内容や答え方の幅を広げるために、どちらも手にとっていただきたい問題集です。

## 小学校受験 厳選難問集 ①・②

本体各￥2,600＋税

実際に出題された入試問題の中から、難易度の高い問題をピックアップし、アレンジした問題集。応用問題への挑戦は、基礎の理解度を測るだけでなく、お子さまの達成感・知的好奇心を触発します。

①は数量・図形・推理・言語、②は位置・常識・比較・記憶分野の難問を掲載。それぞれ40問。

## 国立小学校　対策問題集

国立小学校入試問題Ａ・Ｂ・Ｃ（全３巻）本体各￥3,282＋税

新 国立小学校直前集中講座
本体￥3,000＋税

国立小学校頻出の問題を厳選。細かな指導方法やアドバイスが掲載してあり、効率的な学習が進められます。「総集編」は難易度別にＡ〜Ｃの３冊。付録のレーダーチャートにより得意・不得意を認識でき、国立小学校受験対策に最適です。入試直前の対策には「新 直前集中講座」！

## おうちでチャレンジ ①・②

本体各￥1,800＋税

関西最大級の模擬試験である小学校受験標準テストのペーパー問題を編集した実力養成に最適な問題集。延べ受験者数10,000人以上のデータを分析しお子さまの習熟度・到達度を一目で判別。

保護者必読の特別アドバイス収録！

## Q＆Aシリーズ

『小学校受験で知っておくべき125のこと』
『小学校受験に関する保護者の悩みＱ＆Ａ』
『新 小学校受験の入試面接Ｑ＆Ａ』
『新 小学校受験 願書・アンケート文例集 500』
本体各￥2,600＋税

『小学校受験のための
願書の書き方から面接まで』
本体￥2,500＋税

「知りたい！」「聞きたい！」「こんな時どうすれば…？」そんな疑問や悩みにお答えする、オススメの人気シリーズです。

書籍についてのご注文・お問い合わせ
☎ 03-5261-8951

http://www.nichigaku.jp
※ご注文方法、書籍についての詳細は、Web サイトをご覧ください。

日本学習図書　検索

## 『読み聞かせ』×『質問』＝『聞く力』

お話の記憶の練習に最適

# 1話5分の 読み聞かせお話集①②

「アラビアン・ナイト」「アンデルセン童話」「イソップ寓話」「グリム童話」、日本や各国の民話、昔話、偉人伝の中から、教育的な物語や、過去に小学校入試でも出題された有名なお話を中心に掲載。お話ごとに、内容に関連したお子さまへの質問も掲載しています。「読み聞かせ」を通して、お子さまの『聞く力』を伸ばすことを目指します。

①巻・②巻　各48話

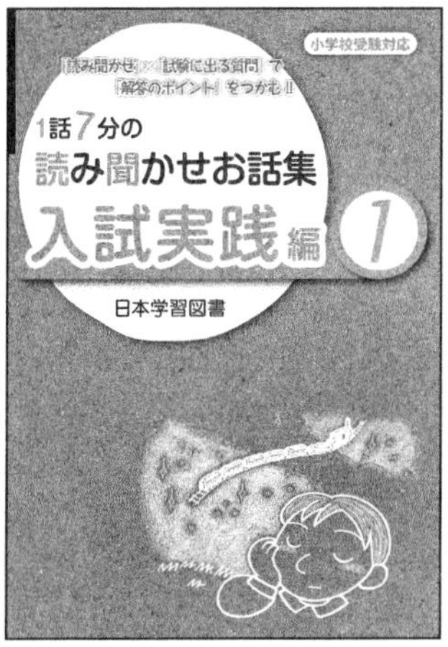

# 1話7分の読み聞かせお話集 入試実践編①

国立・私立 小学校受験 対応

最長1,700文字の長文のお話を掲載。有名でない＝「聞いたことのない」お話を聞くことで、『集中力』のアップを目指します。設問も、実際の試験を意識した設問としています。ペーパーテスト実施校の多くが「お話の記憶」の問題を出題します。毎日の「読み聞かせ」と「試験に出る質問」で、「解答のポイント」をつかんで臨みましょう！

50話収録

# ニチガクの この5冊で受験準備も万全！

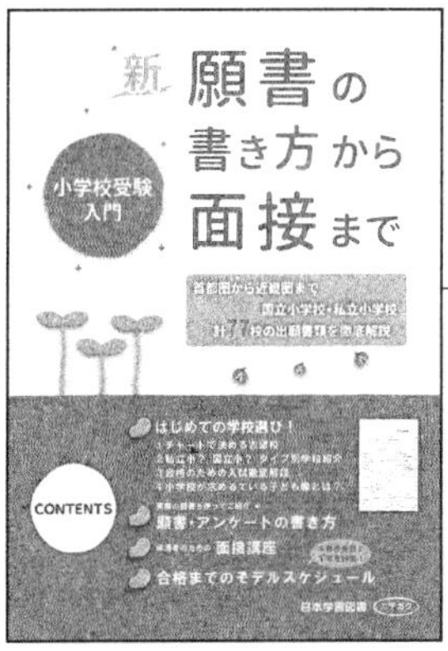


### 小学校受験入門 願書の書き方から面接まで リニューアル版

主要私立・国立小学校の願書・面接内容を中心に、学校選びや入試の分野傾向、服装コーディネート、持ち物リストなども網羅し、受験準備全体をサポートします。

### 小学校受験で 知っておくべき 125のこと

小学校受験の基本から怪しい「ウワサ」まで、保護者の方々からの 125 の質問にていねいに解答。目からウロコのお受験本。

### 新　小学校受験の 入試面接Q＆A リニューアル版

過去十数年に遡り、面接での質問内容を網羅。小学校別、父親・母親・志願者別、さらに学校のこと・志望動機・お子さまについてなど分野ごとに模範解答例やアドバイスを掲載。

### 新　願書・アンケート 文例集500 リニューアル版

有名私立小、難関国立小の願書やアンケートに記入するための適切な文例を、質問の項目別に収録。合格を掴むためのヒントが満載！願書を書く前に、ぜひ一度お読みください。

### 小学校受験に関する 保護者の悩みQ＆A

保護者の方約 1,000 人に、学習・生活・躾に関する悩みや問題を取材。その中から厳選した 200 例以上の悩みに、「ふだんの生活」と「入試直前」のアドバイス２本立てで悩みを解決。

日本学習図書株式会社

**図書カード1000円分プレゼント**

ご記入日　令和　　年　　月　　日

# ☆国・私立小学校受験アンケート☆

※可能な範囲でご記入下さい。選択肢は○で囲んで下さい。

〈小学校名〉＿＿＿＿＿＿＿＿　〈お子さまの性別〉男・女　〈誕生月〉＿＿月

〈その他の受験校〉（複数回答可）＿＿＿＿＿＿＿＿

〈受験日〉①：＿＿月＿＿日　〈時間〉＿＿時＿＿分　～　＿＿時＿＿分

②：＿＿月＿＿日　〈時間〉＿＿時＿＿分　～　＿＿時＿＿分

〈受験者数〉男女計＿＿名　（男子＿＿名　女子＿＿名）

〈お子さまの服装〉＿＿＿＿＿＿＿＿

〈入試全体の流れ〉（記入例）準備体操→行動観察→ペーパーテスト

＿＿＿＿＿＿＿＿

**Eメールによる情報提供**

日本学習図書では、Eメールでも入試情報を募集しております。
下記のアドレスに、アンケートの内容をご入力の上、メールをお送り下さい。

**ojuken@nichigaku.jp**

## ●行動観察　（例）好きなおもちゃで遊ぶ・グループで協力するゲームなど

〈実施日〉＿＿月＿＿日　〈時間〉＿＿時＿＿分　～　＿＿時＿＿分　〈着替え〉□有　□無

〈出題方法〉□肉声　□録音　□その他（　　　　　）　〈お手本〉□有　□無

〈試験形態〉□個別　□集団（　　　人程度）　〈会場図〉

〈内容〉

□自由遊び

＿＿＿＿＿＿＿＿

□グループ活動

＿＿＿＿＿＿＿＿

□その他

＿＿＿＿＿＿＿＿

## ●運動テスト（有・無）　（例）跳び箱・チームでの競争など

〈実施日〉＿＿月＿＿日　〈時間〉＿＿時＿＿分　～　＿＿時＿＿分　〈着替え〉□有　□無

〈出題方法〉□肉声　□録音　□その他（　　　　　）　〈お手本〉□有　□無

〈試験形態〉□個別　□集団（　　　人程度）　〈会場図〉

〈内容〉

□サーキット運動

□走り　□跳び箱　□平均台　□ゴム跳び

□マット運動　□ボール運動　□なわ跳び

□クマ歩き

□グループ活動＿＿＿＿＿＿＿＿

□その他＿＿＿＿＿＿＿＿

## ●知能テスト・口頭試問

〈実施日〉 ____月____日 〈時間〉 ____時____分 ～ ____時____分 〈お手本〉□有 □無

〈出題方法〉 □肉声 □録音 □その他（　　　　　　） 〈問題数〉 ____枚 ____問

| 分野 | 方法 | 内容 | 詳細・イラスト |
|---|---|---|---|
| （例）<br>お話の記憶 | ☑筆記<br>□口頭 | 動物たちが待ち合わせをする話 | （あらすじ）<br>動物たちが待ち合わせをした。最初にウサギさんが来た。次にイヌくんが、その次にネコさんが来た。最後にタヌキくんが来た。<br>（問題・イラスト）<br>3番目に来た動物は誰か  |
| お話の記憶 | □筆記<br>□口頭 | | （あらすじ）<br><br>（問題・イラスト） |
| 図形 | □筆記<br>□口頭 | | |
| 言語 | □筆記<br>□口頭 | | |
| 常識 | □筆記<br>□口頭 | | |
| 数量 | □筆記<br>□口頭 | | |
| 推理 | □筆記<br>□口頭 | | |
| その他 | □筆記<br>□口頭 | | |

## ●制作　（例）ぬり絵・お絵かき・工作遊びなど

〈実施日〉＿月＿＿日〈時間〉＿時＿＿分＿～＿時＿＿分

〈出題方法〉 □肉声 □録音 □その他（　　　　　）〈お手本〉□有 □無

〈試験形態〉 □個別 □集団（　　　人程度）

| 材料・道具 | 制作内容 |
|---|---|
| □ハサミ<br>□のり（□つぼ □液体 □スティック）<br>□セロハンテープ<br>□鉛筆 □クレヨン（　色）<br>□クーピーペン（　色）<br>□サインペン（　色）□<br>□画用紙（□ A4 □ B4 □ A3<br>□その他：　　　　　）<br>□折り紙 □新聞紙 □粘土<br>□その他（　　　　　） | □切る □貼る □塗る □ちぎる □結ぶ □描く □その他（　　　　　）<br>タイトル：＿＿＿＿＿＿＿＿＿＿ |

## ●面接

〈実施日〉＿月＿＿日〈時間〉＿時＿＿分＿～＿時＿＿分〈面接担当者〉＿＿名

〈試験形態〉□志願者のみ（　　）名 □保護者のみ □親子同時 □親子別々

〈質問内容〉

□志望動機　□お子さまの様子

□家庭の教育方針

□志望校についての知識・理解

□その他（　　　　　　　　）

（詳　細）

・

・

・

・

※試験会場の様子をご記入下さい。

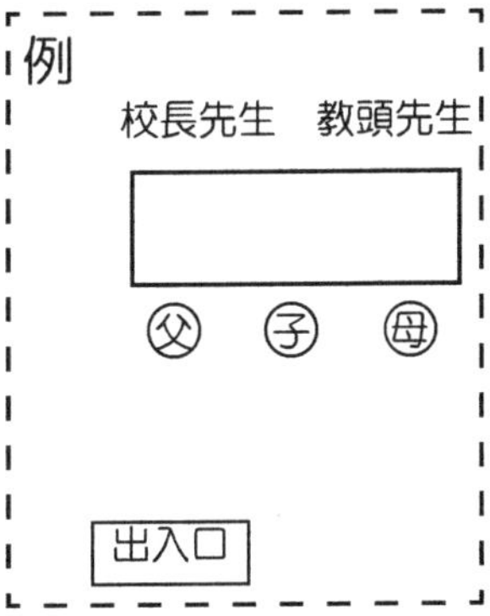


## ●保護者作文・アンケートの提出（有・無）

〈提出日〉 □面接直前　□出願時　□志願者考査中　□その他（　　　　　　）

〈下書き〉 □有　□無

〈アンケート内容〉

（記入例）当校を志望した理由はなんですか（150 字）

●説明会（□有　□無）〈開催日〉　月　日〈時間〉　時　分 ～ 時　分

〈上履き〉 □要　□不要　〈願書配布〉 □有　□無　〈校舎見学〉 □有　□無

〈ご感想〉

●参加された学校行事（複数回答可）

公開授業〈開催日〉　月　日〈時間〉　時　分 ～ 時　分

運動会など〈開催日〉　月　日〈時間〉　時　分 ～ 時　分

学習発表会・音楽会など〈開催日〉　月　日〈時間〉　時　分 ～ 時　分

〈ご感想〉

※是非参加したほうがよいと感じた行事について

●受験を終えてのご感想、今後受験される方へのアドバイス

※対策学習（重点的に学習しておいた方がよい分野）、当日準備しておいたほうがよい物など

＊＊＊＊＊＊＊＊＊＊＊＊＊　ご記入ありがとうございました　＊＊＊＊＊＊＊＊＊＊＊＊＊

**必要事項をご記入の上、ポストにご投函ください。**

なお、本アンケートの送付期限は入試終了後３ヶ月とさせていただきます。また、入試に関する情報の記入量が当社の基準に満たない場合、謝礼の送付ができないことがございます。あらかじめご了承ください。

ご住所：〒

お名前：　　　　メール：

ＴＥＬ：　　　　ＦＡＸ：

目指せ！合格！

# 家庭学習ガイド
# 安田学園安田小学校

ペーパー　口頭試問　巧緻性

## 入試情報

出題形態：ペーパー、ノンペーパー
面　　接：なし
出題領域：ペーパー（記憶、図形、言語、数量、推理）、口頭試問、巧緻性

## 受験にあたって

2023年度の入学試験ではペーパー、口頭試問、巧緻性が行われました。ペーパーテストは「お話の記憶」「図形」「言語」「数量」「推理」の分野から出題され、男女で問題の内容が異なっています。出題内容としては、基本的な問題もありますが独特な出題形式の問題も多いので、過去問などを利用してしっかりと傾向をつかみ、慣れておくようにしてください。また、問題数が多いのでスピードと集中力が求められます。できるだけ数多くの類題に取り組み、幅広い学習を心がけましょう。当校は、例題として各問の冒頭に解き方の説明があります。これを聞いていないと対応できない問題もあるので、注意して聞くようにしてください。

また、当校に入学した際には、２つある付属幼稚園からの内部進学者とともに学校生活を過ごすことになります。当校に入学をお考えの方は、このことをよく理解し、教育目標や指導方針を検討した上で、入試対策を立てることをおすすめいたします。

目指せ！合格！

# 家庭学習ガイド
## なぎさ公園小学校

## 入試情報

出題形態：ペーパー、ノンペーパー
面　　接：保護者・志願者面接
出題領域：ペーパー（推理、図形）、口頭試問、行動観察、運動、面接

## 受験にあたって

当校の入学試験は、2016年度入試よりＡＯ入試とグローバル入試が実施されています。合格時に必ず入学することを前提として試験を行っており、当校を第１志望とするご家庭を強く望む学校の方針が読み取れます。志願者の意欲や保護者の学校に対しての理解がポイントになるでしょう。保護者アンケートにも、「小学校受験を考えたきっかけは何ですか」「イベントや説明会で特に印象に残っていることがあればお答えください」という質問がありました。

2023年度の入学試験は、ペーパー、口頭試問、行動観察、運動、面接が行われました。口頭試問は短いお話について答えるものです。学力の有無を観るというよりは、質問の受け答えができるかどうか、これからの成長が期待できるかという観点が中心となっています。ペーパーテストでは、観察力が問われます。ものをよく観て、違いを見出す力を重視しましょう。行動観察では、渡された道具を指示通りに使い、片付けまで自分で行うという課題が行われました。生活の中で求められる巧緻性全般が観られています。普段の生活の中で、きちんとした生活習慣や年齢相応の常識を身に付けることが大切です。

ニチガクの家庭学習支援

# Web学習サポートサービス

## こんなこと…ありませんか？

「ニチガクの問題集…買ったはいいけど、、、
この問題の教え方がわからない（汗）」

## メールでお悩み解決します！

- ☆ ホームページ内の専用フォームで必要事項を入力！
- ☆ 教え方に困っているニチガクの問題を教えてください！
- ☆ 確認終了後、具体的な指導方法をメールでご返信！
- ☆ 全国どこでも！スマホでも！ぜひご活用ください！

＜質問回答例＞

**学習のポイント**

推理分野の学習では、後の学習に活きる思考力を養うことができます。ご家庭で指導する場合にも、テクニックにたよらず、保護者の方が先に基本的な考え方を理解した上で、お子さまによく考えさせることを大切にして指導してください。

Q.「お子さまによく考えさせることを大切にして指導してください」と学習のポイントにありますが、考える習慣をつけさせるためには、具体的にどのようにしたらいいですか？

A. お子さまが考える時間を持てるように、質問の仕方と、タイミングに工夫をしてみてください。
たとえば、「答えはあっているけど、どうやってその答えを見つけたの」「答えは○○なんだけど、どうしてだと思う？」という感じです。はじめのうちは、「必ず30秒考えてから手を動かす」などのルールを決める方法もおすすめです。

# 分野別 小学入試練習帳 ジュニアウォッチャー

| | |
|---|---|
| 1．点・線図形 | 小学校入試で出題頻度の高い『点・線図形』の模写を、難易度の低いものから段階別に幅広く練習することができるように構成。 |
| 2．座標 | 図形の位置模写という作業を、難易度の低いものから段階別に練習できるように構成。 |
| 3．パズル | 様々なパズルの問題を難易度の低いものから段階別に練習できるように構成。 |
| 4．同図形探し | 小学校入試で出題頻度の高い、同図形選びの問題を繰り返し練習できるように構成。 |
| 5．回転・展開 | 図形などを回転、または展開したとき、形がどのように変化するかを学習し、理解を深められるように構成。 |
| 6．系列 | 数、図形などの様々な系列問題を、難易度の低いものから段階別に練習できるように構成。 |
| 7．迷路 | 迷路の問題を繰り返し練習できるように構成。 |
| 8．対称 | 対称に関する問題を４つのテーマに分類し、各テーマごとに問題を段階別に練習できるように構成。 |
| 9．合成 | 図形の合成に関する問題を、難易度の低いものから段階別に練習できるように構成。 |
| 10．四方からの観察 | もの（立体）を様々な角度から見て、どのように見えるかを推理する問題を段階別に整理し、１つの形式で複数の問題を練習できるように構成。 |
| 11．いろいろな仲間 | ものや動物、植物の共通点を見つけ、分類していく問題を中心に構成。 |
| 12．日常生活 | 日常生活における様々な問題を６つのテーマに分類し、各テーマごとに一つの問題形式で複数の問題を練習できるように構成。 |
| 13．時間の流れ | 『時間』に着目し、様々なものごとは、時間が経過するとどのように変化するのかということを学習し、理解できるように構成。 |
| 14．数える | 様々なものを『数える』ことから、数の多少の判定やかけ算、わり算の基礎までを練習できるように構成。 |
| 15．比較 | 比較に関する問題を５つのテーマ（数、高さ、長さ、量、重さ）に分類し、各テーマごとに問題を段階別に練習できるように構成。 |
| 16．積み木 | 数える対象を積み木に限定した問題集。 |
| 17．言葉の音遊び | 言葉の音に関する問題を５つのテーマに分類し、各テーマごとに問題を段階別に練習できるように構成。 |
| 18．いろいろな言葉 | 表現力をより豊かにするいろいろな言葉として、擬態語や擬声語、同音異義語、反意語、数詞を取り上げた問題集。 |
| 19．お話の記憶 | お話を聴いてその内容を記憶、理解し、設問に答える形式の問題集。 |
| 20．見る記憶・聴く記憶 | 「見て憶える」「聴いて憶える」という『記憶』分野に特化した問題集。 |
| 21．お話作り | いくつかの絵を元にしてお話を作る練習をして、想像力を養うことができるように構成。 |
| 22．想像画 | 描かれてある形や景色に好きな絵を描くことにより、想像力を養うことができるように構成。 |
| 23．切る・貼る・塗る | 小学校入試で出題頻度の高い、はさみやのりなどを用いた巧緻性の問題を繰り返し練習できるように構成。 |
| 24・絵画 | 小学校入試で出題頻度の高い、お絵かきやぬり絵などクレヨンやクーピーペンを用いた巧緻性の問題を繰り返し練習できるように構成。 |
| 25．生活巧緻性 | 小学校入試で出題頻度の高い日常生活の様々な場面における巧緻性の問題集。 |
| 26．文字・数字 | ひらがなの清音、濁音、拗音、拗長音、促音と１～20までの数字に焦点を絞り、練習できるように構成。 |
| 27．理科 | 小学校入試で出題頻度が高くなりつつある理科の問題を集めた問題集。 |
| 28．運動 | 出題頻度の高い運動問題を種目別に分けて構成。 |
| 29．行動観察 | 項目ごとに問題提起をし、「このような時はどうか、あるいはどう対処するのか」の観点から問いかける形式の問題集。 |
| 30．生活習慣 | 学校から家庭に提起された問題と思って、一問一問絵を見ながら話し合い、考える形式の問題集。 |

| | |
|---|---|
| 31．推理思考 | 数、量、言語、常識（含理科、一般）など、諸々のジャンルから問題を構成し、近年の小学校入試問題傾向に沿って構成。 |
| 32．ブラックボックス | 箱や筒の中を通ると、どのようなお約束でどのように変化するかを推理・思考する問題集。 |
| 33．シーソー | 重さの違うものをシーソーに乗せた時どちらに傾くのか、またどうすればシーソーは釣り合うのかを思考する基礎的な問題集。 |
| 34．季節 | 様々な行事や植物などを季節別に分類できるように知識をつける問題集。 |
| 35．重ね図形 | 小学校入試で頻繁に出題されている「図形を重ね合わせてできる形」についての問題を集めました。 |
| 36．同数発見 | 様々な物を数え「同じ数」を発見し、数の多少の判断や数の認識の基礎を学べるように構成した問題集。 |
| 37．選んで数える | 数の学習の基本となる、いろいろなものの数を正しく数える学習を行う問題集。 |
| 38．たし算・ひき算１ | 数字を使わず、たし算とひき算の基礎を身につけるための問題集。 |
| 39．たし算・ひき算２ | 数字を使わず、たし算とひき算の基礎を身につけるための問題集。 |
| 40．数を分ける | 数を等しく分ける問題です。等しく分けたときに余りが出るものもあります。 |
| 41．数の構成 | ある数がどのような数で構成されているか学んでいきます。 |
| 42．一対多の対応 | 一対一の対応から、一対多の対応まで、かけ算の考え方の基礎学習を行います。 |
| 43．数のやりとり | あげたり、もらったり、数の変化をしっかりと学びます。 |
| 44．見えない数 | 指定された条件から数を導き出します。 |
| 45．図形分割 | 図形の分割に関する問題集。パズルや合成の分野にも通じる様々な問題を集めました。 |
| 46．回転図形 | 「回転図形」に関する問題集。やさしい問題から始め、いくつかの代表的なパターンから、段階を踏んで学習できるよう編集されています。 |
| 47．座標の移動 | 「マス目の指示通りに移動する問題」と「指示された数だけ移動する問題」を収録。 |
| 48．鏡図形 | 鏡で左右反転させた時の見え方を考えます。平面図形から立体図形、文字、絵まで。 |
| 49．しりとり | すべての学習の基礎となる「言葉」を学ぶこと、特に「語彙」を増やすことに重点をおき、さまざまなタイプの「しりとり」問題を集めました。 |
| 50．観覧車 | 観覧車やメリーゴーラウンドなどを舞台にした「回転系列」の問題集。「推理思考」分野の問題ですが、要素として「図形」や「数量」も含みます。 |
| 51．運筆① | 鉛筆の持ち方を学び、点線なぞり、お手本を見ながらの模写で、線を引く練習をします。 |
| 52．運筆② | 運筆①からさらに発展し、「欠所補完」や「迷路」などを楽しみながら、より複雑な鉛筆運びを習得することを目指します。 |
| 53．四方からの観察 積み木編 | 積み木を使用した「四方からの観察」に関する問題を練習できるように構成。 |
| 54．図形の構成 | 見本の図形がどのような部分によって形づくられているかを考えます。 |
| 55．理科② | 理科的知識に関する問題を集中して練習する「常識」分野の問題集。 |
| 56．マナーとルール | 道路や駅、公共の場でのマナー、安全や衛生に関する常識を学べるように構成。 |
| 57．置き換え | さまざまな具体的・抽象的事象を記号で表す「置き換え」の問題を扱います。 |
| 58．比較② | 長さ・高さ・体積・数などを数学的な知識を使わず、論理的に推測する「比較」の問題を練習できるように構成。 |
| 59．欠所補完 | 線と線のつながり、欠けた絵に当てはまるものなどを求める「欠所補完」に取り組める問題集です。 |
| 60．言葉の音（おん） | しりとり、決まった順番の音をつなげるなど、「言葉の音」に関する問題に取り組める練習問題集です。 |

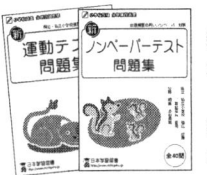

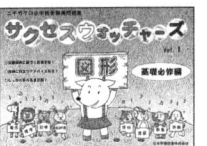

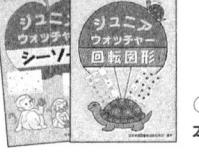

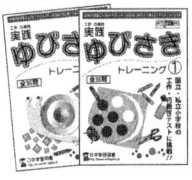

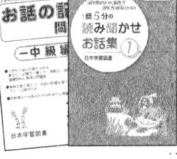

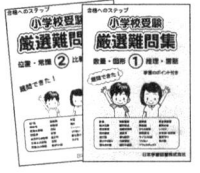

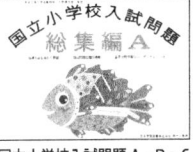

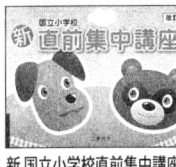

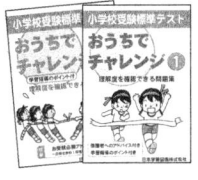

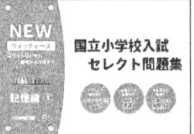

図書カード 1000 円分プレゼント

ご記入日 令和　　年　　月　　日

# ☆国・私立小学校受験アンケート☆

※可能な範囲でご記入下さい。選択肢は○で囲んで下さい。

〈小学校名〉＿＿＿＿＿＿＿＿＿＿　〈お子さまの性別〉男・女　〈誕生月〉＿＿月

〈その他の受験校〉（複数回答可）＿＿＿＿＿＿＿＿＿＿＿＿＿＿＿＿＿＿

〈受験日〉①：＿＿月＿＿日〈時間〉＿＿時＿＿分　～　＿＿時＿＿分

②：＿＿月＿＿日〈時間〉＿＿時＿＿分　～　＿＿時＿＿分

〈受験者数〉男女計＿＿名（男子＿＿名　女子＿＿名）

〈お子さまの服装〉＿＿＿＿＿＿＿＿＿＿＿＿＿＿＿＿

〈入試全体の流れ〉（記入例）準備体操→行動観察→ペーパーテスト

＿＿＿＿＿＿＿＿＿＿＿＿＿＿＿＿＿＿＿＿＿＿＿＿

**Eメールによる情報提供**

日本学習図書では、Eメールでも入試情報を募集しております。

下記のアドレスに、アンケートの内容をご入力の上、メールをお送り下さい。

**ojuken@nichigaku.jp**

## ●行動観察　（例）好きなおもちゃで遊ぶ・グループで協力するゲームなど

〈実施日〉＿＿月＿＿日〈時間〉＿＿時＿＿分　～　＿＿時＿＿分〈着替え〉□有　□無

〈出題方法〉□肉声　□録音　□その他（　　　　　　）〈お手本〉□有　□無

〈試験形態〉□個別　□集団（　　　人程度）

〈会場図〉

〈内容〉

□自由遊び

＿＿＿＿＿＿＿＿＿＿＿＿＿＿＿＿＿＿

□グループ活動

＿＿＿＿＿＿＿＿＿＿＿＿＿＿＿＿＿＿

□その他

＿＿＿＿＿＿＿＿＿＿＿＿＿＿＿＿＿＿

## ●運動テスト（有・無）　（例）跳び箱・チームでの競争など

〈実施日〉＿＿月＿＿日〈時間〉＿＿時＿＿分　～　＿＿時＿＿分〈着替え〉□有　□無

〈出題方法〉□肉声　□録音　□その他（　　　　　　）〈お手本〉□有　□無

〈試験形態〉□個別　□集団（　　　人程度）

〈会場図〉

〈内容〉

□サーキット運動

□走り　□跳び箱　□平均台　□ゴム跳び

□マット運動　□ボール運動　□なわ跳び

□クマ歩き

□グループ活動＿＿＿＿＿＿＿＿＿＿＿＿＿＿

□その他＿＿＿＿＿＿＿＿＿＿＿＿＿＿＿＿

## ●知能テスト・口頭試問

**〈実施日〉** ＿＿月＿＿日 **〈時間〉** ＿＿時＿＿分 ～ ＿＿時＿＿分 **〈お手本〉** □有 □無

**〈出題方法〉** □肉声 □録音 □その他（　　　　　） **〈問題数〉** ＿＿枚 ＿＿問

| 分野 | 方法 | 内　　　容 | 詳　細・イ　ラ　ス　ト |
|---|---|---|---|
| （例）<br>お話の記憶 | ☑筆記<br>□口頭 | 動物たちが待ち合わせをする話 | （あらすじ）<br>動物たちが待ち合わせをした。最初にウサギさんが来た。次にイヌくんが、その次にネコさんが来た。最後にタヌキくんが来た。<br>（問題・イラスト）<br>３番目に来た動物は誰か  |
| お話の記憶 | □筆記<br>□口頭 | | （あらすじ）<br><br>（問題・イラスト） |
| 図形 | □筆記<br>□口頭 | | |
| 言語 | □筆記<br>□口頭 | | |
| 常識 | □筆記<br>□口頭 | | |
| 数量 | □筆記<br>□口頭 | | |
| 推理 | □筆記<br>□口頭 | | |
| その他 | □筆記<br>□口頭 | | |

## ●制作　（例）ぬり絵・お絵かき・工作遊びなど

〈実施日〉＿＿月＿＿日　〈時間〉＿＿時＿＿分　～　＿＿時＿＿分

〈出題方法〉　□肉声　□録音　□その他（　　　　　　）〈お手本〉□有　□無

〈試験形態〉　□個別　□集団（　　　　人程度）

| 材料・道具 | 制作内容 |
|---|---|
| □ハサミ<br>□のり（□つぼ　□液体　□スティック）<br>□セロハンテープ<br>□鉛筆　□クレヨン（　色）<br>□クーピーペン（　色）<br>□サインペン（　色）□<br>□画用紙（□ A4　□ B4　□ A3<br>　□その他：　　　　　）<br>□折り紙　□新聞紙　□粘土<br>□その他（　　　　　） | □切る　□貼る　□塗る　□ちぎる　□結ぶ　□描く　□その他（　　　　　　）<br>タイトル：＿＿＿＿＿＿＿＿＿＿ |

## ●面接

〈実施日〉＿＿月＿＿日　〈時間〉＿＿時＿＿分　～　＿＿時＿＿分〈面接担当者〉＿＿名

〈試験形態〉□志願者のみ（　　）名　□保護者のみ　□親子同時　□親子別々

〈質問内容〉

□志望動機　□お子さまの様子

□家庭の教育方針

□志望校についての知識・理解

□その他（　　　　　　　　　　　）

（　詳　細　）

・

・

・

・

※試験会場の様子をご記入下さい。

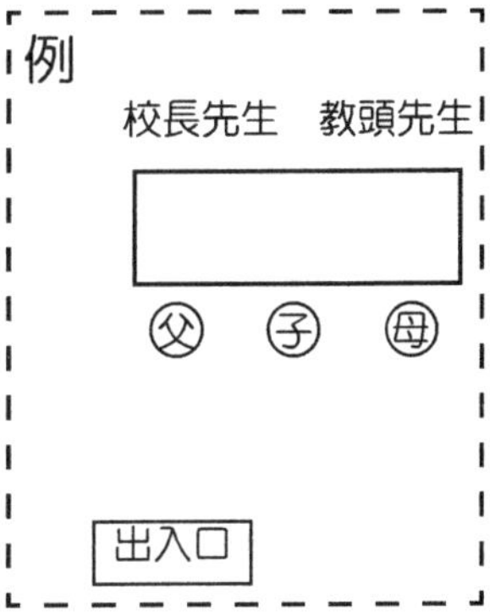


## ●保護者作文・アンケートの提出（有・無）

〈提出日〉　□面接直前　□出願時　□志願者考査中　□その他（　　　　　　　　）

〈下書き〉　□有　□無

〈アンケート内容〉

（記入例）当校を志望した理由はなんですか（150 字）

●説明会（□有　□無）〈開催日〉＿＿月＿＿日〈時間〉＿＿時＿＿分＿＿～＿＿時＿＿分

〈上履き〉　□要　□不要　〈願書配布〉　□有　□無　〈校舎見学〉　□有　□無

〈ご感想〉

●参加された学校行事（複数回答可）

公開授業〈開催日〉＿＿月＿＿日〈時間〉＿＿時＿＿分＿＿～＿＿時＿＿分

運動会など〈開催日〉＿＿月＿＿日〈時間〉＿＿時＿＿分＿＿～＿＿時＿＿分

学習発表会・音楽会など〈開催日〉＿＿月＿＿日〈時間〉＿＿時＿＿分＿＿～＿＿時＿＿分

〈ご感想〉

※是非参加したほうがよいと感じた行事について

●受験を終えてのご感想、今後受験される方へのアドバイス

※対策学習（重点的に学習しておいた方がよい分野）、当日準備しておいたほうがよい物など

＊＊＊＊＊＊＊＊＊＊＊＊＊　ご記入ありがとうございました　＊＊＊＊＊＊＊＊＊＊＊＊＊

**必要事項をご記入の上、ポストにご投函ください。**

なお、本アンケートの送付期限は入試終了後３ヶ月とさせていただきます。また、入試に関する情報の記入量が当社の基準に満たない場合、謝礼の送付ができないことがございます。あらかじめご了承ください。

ご住所：〒＿＿＿＿＿＿＿＿＿＿＿＿＿＿＿＿＿＿＿＿

お名前：＿＿＿＿＿＿＿＿＿＿　メール：＿＿＿＿＿＿＿＿＿＿

ＴＥＬ：＿＿＿＿＿＿＿＿＿＿　ＦＡＸ：＿＿＿＿＿＿＿＿＿＿

ご記入頂いた個人に関する情報は、当社にて厳重に管理致します。弊社の個人情報取り扱いに関する詳細は、www.nichigaku.jp/policy.php の「個人情報の取り扱い」をご覧下さい。

目指せ！合格！

# 家庭学習ガイド
# 安田学園安田小学校

ペーパー　口頭試問　巧緻性

## 入試情報

出題形態：ペーパー、ノンペーパー
面　　接：なし
出題領域：ペーパー（記憶、図形、言語、数量、推理）、口頭試問、巧緻性

## 受験にあたって

2023年度の入学試験ではペーパー、口頭試問、巧緻性が行われました。ペーパーテストは「お話の記憶」「図形」「言語」「数量」「推理」の分野から出題され、男女で問題の内容が異なっています。出題内容としては、基本的な問題もありますが独特な出題形式の問題も多いので、過去問などを利用してしっかりと傾向をつかみ、慣れておくようにしてください。また、問題数が多いのでスピードと集中力が求められます。できるだけ数多くの類題に取り組み、幅広い学習を心がけましょう。当校は、例題として各問の冒頭に解き方の説明があります。これを聞いていないと対応できない問題もあるので、注意して聞くようにしてください。

また、当校に入学した際には、２つある付属幼稚園からの内部進学者とともに学校生活を過ごすことになります。当校に入学をお考えの方は、このことをよく理解し、教育目標や指導方針を検討した上で、入試対策を立てることをおすすめいたします。

目指せ！合格！

# 家庭学習ガイド
## なぎさ公園小学校

ペーパー　口頭試問　行動観察　運　動　親子面接

## 入試情報

出題形態：ペーパー、ノンペーパー
面　　接：保護者・志願者面接
出題領域：ペーパー（推理、図形）、口頭試問、行動観察、運動、面接

## 受験にあたって

当校の入学試験は、2016年度入試よりＡＯ入試とグローバル入試が実施されています。合格時に必ず入学することを前提として試験を行っており、当校を第1志望とするご家庭を強く望む学校の方針が読み取れます。志願者の意欲や保護者の学校に対しての理解がポイントになるでしょう。保護者アンケートにも、「小学校受験を考えたきっかけは何ですか」「イベントや説明会で特に印象に残っていることがあればお答えください」という質問がありました。

2023年度の入学試験は、ペーパー、口頭試問、行動観察、運動、面接が行われました。口頭試問は短いお話について答えるものです。学力の有無を観るというよりは、質問の受け答えができるかどうか、これからの成長が期待できるかという観点が中心となっています。ペーパーテストでは、観察力が問われます。ものをよく観て、違いを見出す力を重視しましょう。行動観察では、渡された道具を指示通りに使い、片付けまで自分で行うという課題が行われました。生活の中で求められる巧緻性全般が観られています。普段の生活の中で、きちんとした生活習慣や年齢相応の常識を身に付けることが大切です。

# 広島県版
# 私立小学校

# 過去問題集

## 〈はじめに〉

現在、少子化が叫ばれているにもかかわらず、私立小学校の入学試験には一定の応募者があります。入試は、ただやみくもに学習するだけでは成果を得ることはできません。志望校の過去における出題傾向を研究・把握した上で、練習を進めていくこと、その上で試験までに志願者の不得意分野を克服していくことが必須条件です。そこで、本問題集は小学校を受験される方々に、志望校の出題傾向をより詳しく知っていただくために、過去に遡り出題頻度の高い問題を結集いたしました。最新のデータを含む精選された過去問題集で実力をお付けください。

## 〈本書ご使用方法〉

◆出題者は出題前に一度問題を通読し、出題内容などを把握した上で、〈 準 備 〉の欄に表記してあるものを用意してから始めてください。
◆お子さまに絵の頁を渡し、出題者が問題文を読む形式で出題してください。問題を読んだ後で、絵の頁を渡す問題もありますのでご注意ください。
◆「分野」は、問題の分野を表しています。弊社の問題集の分野に対応していますので、復習の際の目安にお役立てください。
◆一部の描画や工作、常識等の問題については、解答が省略されているものがあります。お子さまの答えが成り立つか、出題者が各自でご判断ください。
◆〈 時 間 〉につきましては、目安とお考えください。
◆解答右端の［〇年度］は、問題の出題年度です。［2023年度］は、「2022年度の秋から冬にかけて行われた2023年度入学志望者向けの考査で出題された問題」という意味です。
◆学習のポイントは、指導の際にご参考にしてください。
◆【おすすめ問題集】は各問題の基礎力養成や実力アップにご使用ください。

## 〈本書ご使用にあたっての注意点〉

◆文中に **この問題の絵は縦に使用してください。** と記載してある問題の絵は縦にしてお使いください。
◆〈 準 備 〉の欄で、クレヨンと表記してある場合は12色程度のものを、画用紙と表記してある場合は白い画用紙をご用意ください。
◆文中に **この問題の絵はありません。** と記載してある問題には絵の頁がありませんので、ご注意ください。なお、問題の絵の右上にある番号が連番でなくても、中央下の頁番号が連番の場合は落丁ではありません。
下記一覧表の●が付いている問題は絵がありません。

| | | | | | | | | | |
|---|---|---|---|---|---|---|---|---|---|
| 問題1 | 問題2 | 問題3 | 問題4 | 問題5 | 問題6 | 問題7 | 問題8 | 問題9 | 問題10 |
| ● | | | | | ● | | | | |
| 問題11 | 問題12 | 問題13 | 問題14 | 問題15 | 問題16 | 問題17 | 問題18 | 問題19 | 問題20 |
| | | ● | | | | | | | |
| 問題21 | 問題22 | 問題23 | 問題24 | 問題25 | 問題26 | 問題27 | 問題28 | 問題29 | 問題30 |
| ● | | | | | ● | | | ● | ● |
| 問題31 | 問題32 | 問題33 | 問題34 | 問題35 | 問題36 | 問題37 | 問題38 | 問題39 | |
| | | | | ● | ● | | ● | ● | |

◎学習効果を上げるため、前掲の「家庭学習ガイド」をお読みになり、各校が実施する入試の出題傾向を、よく把握した上で問題に取り組んでください。
※冒頭の「本書ご使用方法」「本書ご使用にあたっての注意点」も併せてご覧ください。

# 〈安田学園安田小学校〉

## *2023年度の最新問題*

問題を解いている間に、解答を間違えたときは×を書いてください。

### 問題1　分野：行動観察／男女

〈準備〉　なし

〈問題〉　この問題の絵はありません。
先生と一緒に、「グーチョキパーで何つくろう」をしましょう。

〈時間〉　３分

〈解答〉　省略

### 学習のポイント

複雑な課題ではありませんので、指示通り実行できるようにしましょう。この際、周りのお友だちの様子を伺いながらするのはよくありません。集中力がない、指示が聞けていないと判断されかねませんから、まずは指示を集中して聞き、理解するようにしましょう。また、動作や歌声が小さすぎると、楽しめていないと判断されかねませんから、先生の方を向いて、明るく元気に取り組むようにしましょう。このような課題の場合、内容で差はつきにくく、態度や意欲がポイントになります。過度に緊張をせず、落ち着いて臨めればそれでよい課題です。

【おすすめ問題集】
口頭試問最強マニュアル ペーパーレス編、Ｊｒ・ウォッチャー29「行動観察」

### 問題2　分野：言語／男子

〈準備〉　サインペン（青）

〈問題〉　（問題２－１、２－２を渡す）
まず、★お手本を見てください。上の四角にある絵と同じ音から始まる絵を下の四角から見つけて○をつけます。上の絵は「パンダ」ですから、「パ」で始まる音を下の絵から探します。同じ音で始まるものは「パイナップル」ですから、パイナップルに○をつけます。同じように、①～③をやってください。

〈時間〉　各10秒

〈解答〉　①歯ブラシ　②バイク　③ロケット

### 学習のポイント

言語の課題は、語彙数の多少によって解答時間や正答率に差が出てきます。日頃の会話、読み聞かせ、言葉遊びなどを通して、言葉に触れる機会を多くしましょう。言葉遊びには、はじまりの音（頭音）が同じ言葉を探す「頭音集め」や終わりの音（尾音）が同じ言葉を探す「尾音集め」、「しりとり」、「条件しりとり」などがあります。また、撥音、濁音、半濁音、拗音、促音、長音などの「音」に限定した言葉遊びも有効です。工夫次第でいろいろな遊びに発展させることもできますので、お散歩をしながら、おやつを食べながらなど、机の上の学習以外の時間を積極的に活用して、楽しみながら取り組んでください。また、設問②は「バイク」が正解ですが、「オートバイ」や「スクーター」など他の呼び方も存在します。複数の呼び方があるものについても抑えておくようにしましょう。

【おすすめ問題集】
Ｊｒ・ウォッチャー17「言葉遊び」、18「いろいろな言葉」、
60「言葉の音（おん）」

## 問題3　分野：言語／女子

〈準備〉　サインペン（青）

〈問題〉　（問題３－１を渡す）
？に入る絵を下の四角から選び、しりとりを完成させます。？の前がカメ、後ろがカイなので、「メ」で始まり「カ」で終わるものを選びます。正解はメダカです。メダカに○をつけます。
（問題３－２、３－３を渡す）
同じように、残りの問題もしりとりを完成させてください。

〈時間〉　各20秒

〈解答〉　①マスク　②コアラ、ラッコ

### 学習のポイント

描かれてある絵の名前は、すべて知っているものでしたか。もし、本問に出てくる絵がわからないようであれば、語彙が不足していると言わざるを得ません。言語分野の学習は、机上でなくても、問題集がなくても学習は可能です。語彙数は、日頃の生活体験が大きく影響します。しりとりをしたり、図鑑を読んだり、絵本の読み聞かせをすることは、語彙を増やし、名前と物を一致させるには有効です。語彙は、馴染みのない難しいものを教えることも大切ですが、日常生活で自然と習得できるものを疎かにしないことも大切です。小学校入試では、生活体験が重要になります。日常生活の中にたくさんある学びの機会を逃さないようにしてください。

【おすすめ問題集】
Ｊｒ・ウォッチャー17「言葉の音遊び」、18「いろいろな言葉」、
60「言葉の音（おん）」

## 問題4　分野：記憶（お話の記憶）／男子

〈準　備〉　サインペン（青）

〈問　題〉　お話をよく聞いて、あとの質問に答えてください。

みかちゃんが、幼稚園から帰るときに、横断歩道のところに小さな子どものスズメがいました。みかちゃんが近づいても、スズメは逃げていきませんでした。飛べなかったようです。みかちゃんが周りを見ても、お母さんスズメは近くにはいなかったので、迷子になっていたようでした。みかちゃんは、急いで家に帰って、被っていた麦わら帽子を机の上に置きました。そして、「ママ！」と言って、お母さんを呼びましたが、お母さんは、車で買い物に行ったのでいませんでした。家にいたお兄ちゃんは、テレビを見ていました。お兄ちゃんに相談すると、「スズメは、ミミズを食べるから、ミミズをつかまえてあげたらいいんじゃないかな」と言われましたが、みかちゃんは、「私、ミミズは怖くて触れない」と言ったので、お兄ちゃんは、「じゃあ、パンをちぎってあげるといいよ」と言いました。お母さんが買い物から帰って来たので、みかちゃんはお母さんに、「横断歩道にスズメが落ちていたの。どうしたらいいかな」と聞きました。お母さんは、「そのままにしておいた方が、いいんじゃないかしら」と言いましたが、みかちゃんは、「だめだよ。ネコに食べられたり、車にひかれたりしたらどうするの」と言って、お母さんと一緒にスズメを見に行くことにしました。最初に、スズメを見つけた横断歩道に行くと、スズメがいなくなっていました。次に、隣の公園へ行きましたが、スズメはいません。みかちゃんは、心配でしたが、夕方になったので、お母さんと家に帰りました。心配な気持ちのまま、みかちゃんは眠りました。次の日、みかちゃんは、お友だちのゆいちゃんに、スズメのことを話そうと思いました。幼稚園へ行く途中に、スズメを見つけた横断歩道を通っているとき、もし、車に引かれていたらと思うと、悲しい気持ちになりました。横断歩道を渡り終わったとき、電柱を見ると、電線にスズメの親子が止まっているのを見つけました。小さなスズメは、お母さんと一緒に飛ぶ練習をしているようでした。何度も羽をバタバタと動かしています。みかちゃんが、しばらく様子を見ていると、子どものスズメは、お母さんと一緒に、遠くまで飛んでいきました。

①みかちゃんが机の上に置いたものに○をつけましょう。
②迷子になった生き物に○をつけましょう。
③みかちゃんがスズメを見つけたところに○をつけましょう。
④車に乗って買い物に行った人に、○をつけましょう。
⑤お兄ちゃんが見ていたものに、○をつけましょう。
⑥お兄ちゃんは、スズメが何を食べると言いましたか。○をつけましょう。
⑦みかちゃんが、お母さんと２番目にスズメを見に行ったところに、○をつけましょう。
⑧次の日、みかちゃんが、横断歩道を渡り終わったとき、すずめはどこにいましたか。○をつけましょう。

〈時　間〉　各10秒

〈解　答〉　①右端　②左端　③右から２番目　④左から２番目　⑤右から２番目　⑥左端　⑦左端　⑧右から２番目

## 学習のポイント

お話の記憶を解く力は、普段からの読み聞かせの量が比例します。お子さまはしっかりと記憶できていたでしょうか。お話自体は、長すぎるものではありませんが、記憶すべきポイントが多いため、最後まで集中して聞く必要があります。お話の記憶の問題では、１つひとつの場面をイメージしながら聞くと、登場人物の特徴や、それぞれがとった行動などが記憶しやすくなります。保護者の方は、お子さまが解答しているときの様子を観察し、しっかりと記憶できていたかをチェックしてください。もし、お子さまが当てずっぽうで解答していると感じたときは、追加で質問をすることでわかります。「お兄ちゃんが教えてくれた、スズメが食べるものはミミズの他に何があったかな」という具合に、質問を増やし、お子さまがどこまで記憶できていたかを確かめましょう。お話の記憶は自分が体験したことや、知っている内容などの場合、記憶しやすいと言われてますが、コロナ禍の生活を強いられ、生活体験量も多くなかったと思われます。普段の生活でコミュニケーションをとり、読み聞かせや、図鑑などを読むことで、記憶力と知識をしっかりと身につけるようにしましょう。

【おすすめ問題集】

１話５分の読み聞かせお話集①・②、お話の記憶問題集 初級編・中級編、
Ｊｒ・ウォッチャー19「お話の記憶」、20「見る記憶・聴く記憶」

## 問題5　分野：記憶（お話の記憶）／女子

〈準備〉　サインペン（青）

〈問題〉　お話をよく聞いて、あとの質問に答えてください。

あかりちゃん、弟、お父さん、お母さんは、おばあちゃんのお家へ泊りに行きます。おばあちゃんのお家の庭で、バーベキューをします。でも、おばあちゃんのお家に着くと、おばあちゃんがいません。お母さんは、おばあちゃんが畑にいることを知っていたので、あかりちゃんに「サラダを作るから、キュウリとトマトを畑に行ってもらって来てね。おばあちゃんと一緒に帰ってきてね」と言いました。あかりちゃんは、畑でキュウリとトマトを３個ずつと、バーベキューで焼こうと思ったトウモロコシももらって、おばあちゃんと一緒にお家へ帰りました。お家に着くと、お父さんが「行ってくるね」と車に乗って、川へ魚を釣りに行きました。残ったみんなでバーベキューの準備をしている間に、お父さんが帰ってきました。お父さんは「魚は釣れなかったよ」と残念そうに言いながら、小さなバケツをあかりちゃんに渡しました。弟と一緒にバケツの中をのぞいてみると、小さな赤いカニが入っていました。弟の手のひらよりもずっと小さなカニでした。弟が、「かわいいね。飼いたいけど、川に帰してあげないとかわいそうだよね」と言ったので、お父さんが、「そうだね。あとで帰しに行ってくるよ」と言いました。あかりちゃんは、弟の頭をなでてあげました。３人で一緒にバーベキューのところまで行くと、お母さんが、たくさんのお肉や野菜を焼いています。おばあちゃんが「あかりちゃんの大好きなウィンナーだよ。どうぞ」と言って、お皿に２本のウィンナーをのせてくれました。そのあと、おばあちゃんの畑でとれたトウモロコシも焼いて食べました。トウモロコシが、とても甘くておいしかったので、あかりちゃんも弟もたくさん食べました。あかりちゃんと弟は、お腹いっぱいになったので、２人でお風呂に入りました。お風呂から上がったら、デザートにソフトクリームを食べて、歯磨きをしました。疲れたあかりちゃんは、布団でぐっすり眠ってしまいました。

①お話の季節と同じ季節の花に○をつけましょう。
②みんなで何をするのですか。○をつけましょう。
③サラダに入れるためにもらった組み合わせの正しいものに○をつけましょう。
④お父さんが川まで行くときに何に乗りましたか。○をつけましょう。
⑤バケツの中に入っていたものに○をつけましょう。
⑥あかりちゃんがバーベキューでお皿に乗せてもらったものに○をつけましょう。
⑦甘くておいしかったものに○をつけましょう。
⑧デザートに食べたものに、○をつけましょう。

〈時間〉　各10秒

〈解答〉　①左端　②右から２番目　③左から２番目　④左端　⑤右端　⑥左端　⑦右端　⑧左端

## 学習のポイント

「お話の記憶」の問題を解くには、記憶力は勿論、語彙力、集中力、理解力、想像力の力が必要になります。「お話の記憶」の問題を解く方法として、お話全体をイメージ化し、後から振り返ります。そのためには、お話をしっかりと聴き、記憶しなければなりません。保護者の方は、このイメージする状況をお子さまに作ってあげるとよいでしょう。例えば、お話を読む前に「今日の朝ご飯は何を食べた？」「朝ご飯を食べた後は何をした？」など、お子さまがしたことを質問します。質問されたお子さまは、朝したことを頭の中で思い出しながら答えます。この質問をしたあと、「今からお話を読むから、今と同じように頭の中にお話を思い描いてみて」と声をかけてからお話を読み始めます。「今と同じように」と言われることで、お子さまは、朝ご飯を思い浮かべたときと同じように頭の中で思い出しながらお話をイメージ化しようとします。この学習は効果が上がりますので、お試しください。

【おすすめ問題集】
1話5分の読み聞かせお話集①・②、お話の記憶問題集 初級編・中級編、
Ｊｒ・ウォッチャー19「お話の記憶」、20「見る記憶・聴く記憶」

## 問題6　分野：発表／男女

〈準　備〉　サインペン（青）

〈問　題〉　この問題の絵はありません。
これから発表をします。１人ずつお名前を呼ぶので、呼ばれたら前に出てきて、先生の質問に答えてください。まず、先生たち２人で発表のお手本を見せます。

【お手本】
先生Ａ「好きな食べ物は何ですか」
先生Ｂ「ハンバーグです」
先生Ａ「そればなぜですか」
先生Ｂ「美味しいからです」

【質問】
「好きな食べ物は何ですか。それはなぜですか」
「好きな動物は何ですか。それはなぜですか」
「好きな遊びは何ですか。それはなぜですか」

〈時　間〉　適宜

〈解　答〉　省略

## 学習のポイント

人前でもはきはきと話せるようになるには、普段から、いろいろな人と会話する機会を設けることです。そのためには、例えば、スーパーへ買い物に行った際、どこに置いてあるのかわからない商品があれば、お店の人に位置を尋ねたり、公園で初めて会うお友だちと遊ぶ、家族の前で何かを発表するなど、工夫をして度胸をつけていくとよいでしょう。コミュニケーションの場を多く持つことで、話し方が身につき、語彙が増え、自然と自信もついていきます。保護者の方は、お子さまの言葉遣いや、声の大きさ、態度なども観てあげてください。お子さまが発表することに苦手意識を持っている場合は、保護者の方がお手本を見せてあげましょう。保護者の方が自信を持って話す姿を見ることで、お子さまの抵抗も和らいでいくでしょう。

【おすすめ問題集】
新 小学校受験の入試面接Q＆A、家庭で行う面接テスト問題集

## 問題7　分野：座標／男子

〈準 備〉　サインペン（青）

〈問 題〉　（問題７－１、７－２を渡す）
まず、★お手本を見てください。上の四角の中にはイヌと犬小屋があります。イヌが犬小屋へ行くにはどのように動けばよいかを考えます。下の四角にある矢印はイヌの動きを表しています。お手本のイヌは、最初に下向きに動きます。次に左向きに動きます。では、次にどのように動けば犬小屋に行けるでしょうか。上向きですね。上向きの矢印に○をつけます。同じように他の問題もやってください。

〈時 間〉　各20秒

〈解 答〉　①下向き　②右向き、下向き　③上向き、左向き

### 家庭学習のコツ①　「先輩ママのアドバイス」を読みましょう！

本書冒頭の「先輩ママのアドバイス」には、実際に試験を経験された方の貴重なお話が掲載されています。対策学習への取り組み方だけでなく、試験場の雰囲気や会場での過ごし方、お子さまの健康管理、家庭学習の方法など、さまざまなことがらについてのアドバイスもあります。先輩ママの体験談、アドバイスに学び、ステップアップを図りましょう！

### 学習のポイント

本問では、上下左右どのような経路でイヌが動いているかを推理することが必要です。本問を解く際に注意すべき点は、左右を正しく認識することです。頭の中では動く方向がわかっていても、慌てていると左右反対に○をつけてしまうことがあります。○をつけるときまで気を抜かず、落ち着いて取り組むようにしましょう。お子さまが解答を間違えてしまったり、問題を難しく感じているようでしたら、保護者の方も一緒になって、条件を整理するところから始めてください。問題を解く上で、どこに苦手意識を持っているのかを把握し、落ち着いて考えれば正解に辿り着けるということに気づかせてあげましょう。

【おすすめ問題集】
Ｊｒ・ウォッチャー2「座標」

## 問題8　分野：推理／女子

〈準備〉　サインペン（青）

〈問題〉　（問題８－１を渡す）
まず問題を一緒に解いてみましょう。クマがバスに乗っています。バス停で待っていたキツネもバスに乗りました。次のバス停でキツネは降りて、イヌが乗りました。？のバスには誰が乗っていますか。クマとイヌですね。下の四角のクマとイヌ○をつけます。同じように、他の問題もお話を聞いてやります。

（問題８－２を渡す）
①キツネがバスに乗っています。バス停でウサギとクマが乗って、キツネはバスから降りました。次のバス停でクマは降りて、イヌが乗りました。？のバスには誰が乗っていますか。

（問題８－３を渡す）
②キツネ、イヌ、クマがバスに乗っています。バス停でウサギとゾウが乗って、キツネとイヌはバスから降りました。次のバス停でゾウは降りて、イヌが乗りました。？のバスには誰が乗っていますか。

〈時間〉　各15秒

〈解答〉　①左端　②左から２番目

### 学習のポイント

本問は、お話とイラストの２つの角度から解答に繋がる情報が与えられています。問題を解く際、お子さまは、お話とイラストのどちらに集中していたでしょうか。イラストに気を取られ過ぎると、最後の？のバスに乗っている動物がわからなくなります。ですから、あくまでもイラストはお話の流れをイメージする道具として参考程度に使用しましょう。正解を導くためには、お話を記憶し、流れを整理することが必要になります。お話を聞くときに必要な集中力や記憶力は、読み聞かせを通して少しずつ身に付いていきます。読み聞かせをしたあと、お話の内容について、お子さまにいくつか質問をする時間を設けると、記憶系の問題の練習にもなりますから、お試しください。

【おすすめ問題集】
Ｊｒ・ウォッチャー19「お話の記憶」、20「見る記憶・聴く記憶」、31「推理思考」

## 問題9　分野：数量／男子

〈準 備〉　サインペン（青）

〈問 題〉　クマはクリを４つ食べるとお腹いっぱいになります。ゾウはリンゴを３つ食べるとお腹いっぱいになります。全員がお腹いっぱいになるものを選んで、四角の中に○をつけましょう。

〈時 間〉　各10秒

〈解 答〉　①右下　②左下

### 学習のポイント

解き方を細かく分けると「それぞれ数を数える」「比較し、正解を見つける」という作業に分けることができます。この２つの作業で、「数を数える」の作業で最もミスが発生しやすくなります。原因としては、「重複して数える」「数え忘れ」が挙げられます。これらのミスを防ぐためには、数える順番（方向）を一定にすることと、数えたものに小さなチェックを入れる方法があります。ただし、後者の方法には注意点があり、チェックした印を大きくつけてしまうと、解答記号を間違えたと判断される可能性があります。ですから、チェックは小さく端につけるようにしましょう。また、正答率を上げ、解答時間の短縮を図るために最初に選択肢を絞る方法があります。例えば、ゾウは３個のリンゴで足りるため、先に数の少ないリンゴを数えます。すると、選択肢が①②とも２つに絞ることができます。このうちのどちらかが正解なので、あとはクリの数を落ち着いて数えます。すべての選択肢を数える必要がないことも「解き方のコツ」として知っておきましょう。

【おすすめ問題集】
Ｊｒ・ウォッチャー4「数える」、15「比較」、37「選んで数える」

## 問題10　分野：数量／女子

〈準 備〉　サインペン（青）

〈問 題〉　クマさんのお盆をウサギさんのお盆と同じにするには、何がいくつ足りませんか。足りないものに足りない数だけ、右の四角の絵に○をつけましょう。

〈時 間〉　各10秒

〈解 答〉　①お茶１つ、みかん２つ、味噌汁１つ、箸１膳
②サンドウィッチ１つ、オムライス１つ、スプーン２つ、スープ１つ、ジュース２つ、

### 学習のポイント

数える量は多くありませんから、足りないものとその数を正確に把握し、右側の絵に丁寧に○をつけましょう。本問は解答時間が短いため、スピーディーに作業をする必要があります。右側の絵の上から順番に回答していく必要はありませんから、解答がわかったものから即座に○をつけるようにしましょう。保護者の方は、お子さまが問題を解くときの時間も計るようにしてください。お子さまの解答時間が長いようであれば、何に時間がかかっているのか確認し、アドバイスをしてあげましょう。○をつけるのに時間がかかっている場合は、字や形を書くことに慣れていない可能性がありますから、運筆の練習をすることをおすすめいたします。足りないものとその数を把握することに時間がかかっている場合は、数を数える練習の他に、観察力を鍛えることも必要になります。

【おすすめ問題集】
Ｊｒ・ウォッチャー37「選んで数える」、42「一対多の対応」

## 問題11　分野：運筆／男女

〈準 備〉　サインペン（青）

〈問 題〉　１番上の四角にある線と同じものを、下の３つの段の中に書きましょう。

〈時 間〉　30秒

〈解 答〉　省略

### 学習のポイント

毎年出題されている、基礎的な運筆の課題です。対策としては、曲線や直線など、さまざまな線を書いたり、点結びを行うとよいでしょう。お手本通りで、程よい筆圧の線を書くには、正しく鉛筆を持ち、よい姿勢で書くことが大切です。線は左から右、上から下へ書き進めるのが基本ですが、左利きのお子さまは、右側から書き始め、書いた線がきちんと見えるように進めていくとよいでしょう。また、書き始める前にお手本をしっかり観察することも忘れないようにしましょう。本問では線の山が８つあります。書く前に確認し、頭の中で数を数えながら線を書くようにしましょう。お手本と自分の書いているものを見比べながら書くと、線が歪んだり、書き間違えをすることがあります。保護者の方は、取り組んでいるときのお子さまの様子も観察し、きっちりと指導しましょう。

【おすすめ問題集】
Ｊｒ・ウォッチャー51「運筆①」、52「運筆②」

## 問題12　分野：巧緻性／男女

〈準備〉　折り紙

〈問題〉　**この問題は絵を参考にしてください。**
今から折り紙を折ります。まず、先生がお手本を見せます。

①まず、半分に折ります。
②次に、ひらひらしている方を自分の方に持ってきます。
③上の１枚だけをさらに半分に折ります。

では、同じように折り紙を折ってください。

〈時間〉　１分

〈解答〉　省略

### 学習のポイント

2022年度も同じ課題が実施されました。お手本を示されているときの態度や、制作の過程が観察されています。お手本は１回しか示されませんから、集中して聞き、折り方を覚えましょう。折り紙を折るときは、角と角を合わせ、折り目はしっかりつけます。巧緻性は毎日コツコツ取り組むことで少しずつ上達します。ご家庭で練習する際は、保護者の方は、お子さまがどこまで手順を記憶できていたか、制作の丁寧さをチェックしてください。できていない部分があったら、「○○しなさい」と命令形で指導するのではなく、「説明を聞きながら、頭の中で折り方をイメージしてみよう」「こうするともっと綺麗に折れるよ」という具合に肯定的なアドバイスをするよう意識しましょう。

【おすすめ問題集】
実践 ゆびさきトレーニング①・②・③、 Ｊｒ・ウォッチャー25「生活巧緻性」

## 問題13　分野：行動観察／男女

〈準備〉　なし

〈問題〉　**この問題の絵はありません。**
みなさん立ってください。これから先生とじゃんけんをして遊びます。先生に勝った人は立ったままでいてください。負けとあいこだった人は座ってください。じゃんけんは3回行います。

〈時間〉　適宜

〈解答〉　省略

## 学習のポイント

ゲームや遊びを通した行動観察の問題では、このような内容の場合、勝ち負けは評価に関係ありません。むしろ、勝敗を決める遊びのときに、お子さまがどのような行動をとるかが観られます。普段は大人しいお子さまでも、場合によっては、初めて来た場所で、知らないお友だちと一緒に遊ぶという環境に戸惑い、思わぬ行動を取ってしまうかもしれません。お子さまが大勢の中でどのような行動をとるのかあらかじめ知っておくためにも、大勢のお友だちと一緒に遊べる機会を用意してあげてください。その際、無理に目立とうとしたり、リーダーシップをとる必要はありません。ルールを守って子供らしく楽しく遊ぶことができれば十分でしょう。

【おすすめ問題集】

新 口頭試問・個別テスト問題集、Ｊｒ・ウォッチャー29「行動観察」

## 2022年度以前の入試問題

### 問題14　分野：言語（言葉の組み合わせ）／女子

〈準 備〉　サインペン（青）

〈問 題〉　この問題の絵は縦に使用してください。
初めに、お手本の問題を一緒に解いてみましょう。問題14-1の絵を見てください。シカとマスクの絵が描いてあります。その横には四角が並んでおり、その中に★が描いてあります。この★のあるマスの音をつなげると、シカの「し」とマスクの「す」で「すし」という言葉ができます。このように、★の描いてある場所の言葉をつなげてできるものを下から選び○をつけてください。①～⑥の問題も同じように解いてください。

〈時 間〉　3分

〈解 答〉　①左端　②右端　③左端　④左端　⑤右から2番目　⑥左端

［2022年度出題］

### 学習のポイント

本問で出題されている絵は、入試では頻出のものばかりですから、しっかりと覚えておきましょう。語彙力をアップさせるには、単に新しい言葉を覚えさせるのではなく、実物を見せ、そのものの特性などを一緒に教えてください。野菜の名前であれば、スーパーに行って実物を見せ、切ると中はどうなっているのか、どのようにして育てるのか、どのような料理に使われるのかなどを説明してあげると、新しい語彙だけでなく、紐付いている情報も学ぶことができます。実物を見せるのが難しい場合は、図鑑やインターネットの画像でも構いません。一度の機会を最大限に活かして、知識を増やすようにしてください。また、すでに知っている言葉でも、コロナ禍により実際に見ることができなかったものは、行動制限が緩和された今、実物を見に行く機会を与えてあげるとよいでしょう。身についている知識をより深めることができます。

【おすすめ問題集】
Ｊｒ・ウォッチャー17「言葉の音遊び」、18「いろいろな言葉」、
49「しりとり」、60「言葉の音（おん）」

**家庭学習のコツ②　「家庭学習ガイド」はママの味方！**

問題演習を始める前に、試験の概要をまとめた「家庭学習ガイド（本書カラーページに掲載）」を読みましょう。「家庭学習ガイド」には、応募者数や試験課目の詳細のほか、学習を進める上で重要な情報が掲載されています。それらの情報で入試の傾向をつかみ、学習の方針を立ててから、対策学習を始めてください。

## 問題15　分野：記憶（お話の記憶）／女子

〈準備〉　サインペン（青）

〈問題〉　お話を聞いて、あとの質問に答えてください。

モミジが真っ赤に色づいてきたある日のことです。お母さんは、太郎君に「買い物に行ってくるから、お留守番をしていてね」と言って出かけました。太郎君は「お母さんが帰ってくるまで、お手伝いをしよう」と思いつきました。お風呂をきれいに洗い、掃除機をかけて、アオイの散歩をしようと考えました。アオイはお腹が白で背中は黒く、目は青色なので、お父さんが「アオイ」という名前をつけたイヌです。お母さんが買い物のあとに焼き芋も買って家へ戻ると、太郎君がいません。洗面所からシャワーの音がするので行ってみると、そこは水浸しになっていました。テレビのあるお部屋からは、テレビの音だけが聞こえます。お母さんは怒った顔で「太郎、どこにいるの！」と言いましたが、太郎君は出てきません。太郎君はかくれんぼが好きなのできっとどこかに隠れているのだろうと家中探しましたが、太郎君はどこにもいませんでした。「きっとアオイを連れて散歩に行ったんだわ」と思ったお母さんは、いつも行く公園や、おじいさんおばあさんの家、ピアノの先生のところ、スーパーマーケットとあちらこちらを探したのですが、太郎君はどこにもいませんでした。そのころ太郎君は、アオイの散歩の帰り道でした。途中でお姉ちゃんに会ったので、一緒に家に帰りました。帰ってきたお姉ちゃんは、ぐちゃぐちゃの家を見てとても驚きました。太郎君に「なぜ家がこんなにぐちゃぐちゃなの？」と聞くと、太郎君はお手伝いをしようとしたことを話しました。話を聞いたお姉ちゃんは、「わかったわ。太郎、お風呂の掃除をしてきて」と指示を出しました。お姉ちゃんは掃除機をかけ、ぐちゃぐちゃになった洗面所の掃除をしてくれました。しばらくしてお母さんが帰ってくると、玄関の靴がありました。心配したおじいさんとおばあさん、ピアノの先生が様子を見に来てくれていたのです。家の中はすっかりきれいになり、洗濯物も畳まれていました。アオイは喜んで尻尾を振り寄ってきました。お風呂からはお姉ちゃんと太郎君の声が聞こえてきました。一緒にお風呂に入るお姉ちゃんと太郎君を見て、お母さんはホッとしました。２人がお風呂に入っている間に、お母さんとおばあさんはカレーを作りました。お父さんも帰って来たので、家にいる全員でおいしくカレーを食べました。

①このお話の季節はいつでしょうか。その絵に○をつけてください。
②お母さんが買ってきたものに○をつけてください。
③みんなで何を食べましたか。その絵に○をつけてください。
④何人で食べましたか。その数だけ四角に○を書いてください。
⑤アオイはどれでしょうか。○をつけてください。
⑥太郎君が考えていなかったお手伝いはどれですか。その絵に○をつけてください。
⑦お母さんが探しに行かなかった所はどこでしょうか。その絵に○をつけてください。
⑧掃除機をかけた人に○をつけてください。

〈時間〉　各10秒

〈解答〉　①右から２番目　②左から２番目　③右から２番目　④○：７
⑤右から２番目　⑥左から２番目　⑦左から２番目　⑧右端

［2022年度出題］

## 学習のポイント

太郎君がしようとしたお手伝いや、お母さんが買い物から帰ってきたときの家の中の様子、お姉ちゃんと太郎君でした家事など、お話を聞きながら、このような場面を意識して頭の中でイメージできるようにしましょう。決して長い物語ではありませんが、登場人物や時間の流れの中での出来事など、記憶しないといけない場面が多く、お話の読み聞かせを行い、どのような内容か、全体の流れ、登場人物、お話の経過の中で起きた出来事の原因など、お子さまに口頭で話してもらうことを心がけてみてください。お子さまの理解度だけではなく、相手に伝わるように話すことの練習になります。また、お子さまなりの解釈の仕方や、どのようなことに注目して聞いているのかなどの分析にもなります。保護者の方が一方的にお話をするだけではなく、お子さまとの会話を楽しんでいくことで、お話の聞き取りの力はついてきます。

【おすすめ問題集】
　１話５分の読み聞かせお話集①②、お話の記憶　初級編・中級編・上級編
　Ｊｒ・ウォッチャー19「お話の記憶」、20「見る記憶・聴く記憶」、
　27「理科」、34「季節」、55「理科②」、60「言葉の音（おん）」

## 問題16　分野：図形（条件迷路）／女子

〈準備〉　サインペン（青）

〈問題〉　初めに、お手本の問題を一緒に解いてみましょう。左上の絵を見てください。女の子が印のある場所に来たとき、上のお約束のように先に進みます。お手本の図では、女の子がスタートすると◎と△のある場所に来ます。上のお約束を見ると、◎の方に進むことになっています。◎の方に進むとラクダがいますね。このように女の子が行く所に○をつけます。①～⑦の問題も同じように解いてください。

〈時間〉　３分

〈解答〉　①ワニ　②ゾウ　③チューリップ　④アサガオ　⑤ユリ　⑥ワニ　⑦ウシ

［2022年度出題］

## 学習のポイント

集中力を要する問題です。問題数が多く条件を適応する場所も増えていくので、慌ててしまうかもしれませんが、１つ１つ落ち着いて取り組めば解答できる問題です。ミスをしてしまった問題があれば、条件の理解が間違っていたのか、慌てて解いたため間違えたのかを、保護者の方は判断してください。条件の理解ができていなかった場合は、お子さまに条件を説明させてみるとよいでしょう。条件の整理・再確認でき、お子さま自身もどこで間違えたかがわかります。慌てていて間違えた場合は、「慌てずに、落ち着いて考えれば○○には解ける問題だよ」などと声かけをすると、お子さまもリラックスして問題に取り組むことができます。

【おすすめ問題集】
　Ｊｒ・ウォッチャー７「迷路」

## 問題17　分野：言語（擬態語・擬音語）／男子

〈準　備〉　サインペン（青）

〈問　題〉　問題17－1を見てください。「ザーザー」という様子を表す絵はどれですか。このとき雨が降っている絵があるので○をつけます。同じように、言葉の様子を表している絵を探して○をつけてください。
①「イライラ」を表す絵に○をつけましょう。
②「エーンエーン」を表す絵に○をつけましょう。
③「ピカピカ」を表す絵に○をつけましょう。
④「どんどん」を表す絵に○をつけましょう。
⑤「もぐもぐ」を表す絵に○をつけましょう。
⑥「すいすい」を表す絵に○をつけましょう。
⑦「キラキラ」を表す絵に○をつけましょう。
⑧「ビリビリ」を表す絵に○をつけましょう。

〈時　間〉　各15秒

〈解　答〉　下図参照

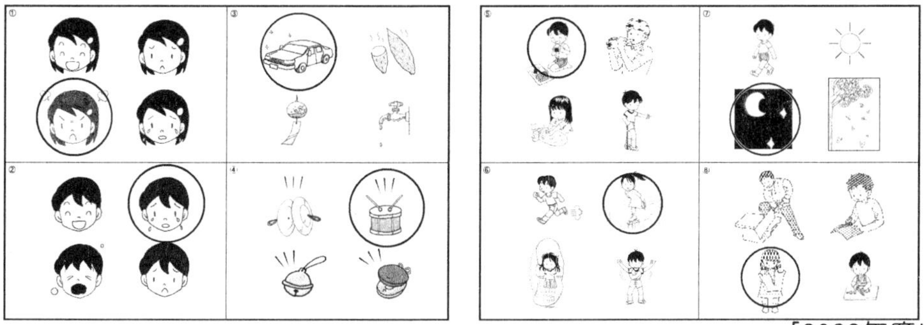

［2022年度出題］

### 学習のポイント

この問題の解答方法は「○をつけましょう」と指示されています。正答がわかっていても、正しく記号を書き込めていない場合は採点対象になりません。まずは問題をしっかり聴く習慣を身に付けましょう。ぐっすり、キラキラ、べったりなど、人や物の様子を表す言葉を「擬態語」と呼び、ワンワン、ドキドキ、ガチャーンなど、音や声などを表す言葉を「擬音語」と呼びます。普段何気なく使っている言葉の1つですが、改めてこれらについても確認しておくとよいでしょう。また、「雨の音」とひとくくりにしても、豪雨ときと小雨のときでは降り方によっても表現が異なります。その都度指導しておくと、様子と言葉が一致して把握しやすいでしょう。

【おすすめ問題集】
Ｊｒ・ウォッチャー17「言葉の音遊び」、18「いろいろな言葉」

## 問題18　分野：運筆／男子

〈準 備〉　サインペン（青）

〈問 題〉　初めに、お手本の問題を一緒に解いてみましょう。左上の絵を見てください。左側の図を隣に描き写してください。◎から書き始めてください。●も忘れないように描きます。では、①～⑦の問題も同じように描いてください。

〈時 間〉　５分

〈解 答〉　省略

［2022年度出題］

### 学習のポイント

青のサインペンで解答するため、完全に消すことはできません。間違えた際は×印をつけるように指示がありましたが、その後に正解の線を書いてもお子さま自身が判別しにくくなるので、１度で正確な模写ができる必要があります。また、お子さまは筆記用具を正しく持っているでしょうか。筆記用具を正しく持っていないと、運筆は上手くいきません。運筆では、手首の動かし方が大切になり、持ち方がおかしいと手首の動きも制限されてしまうため、早く・上手く書くことは難しくなります。ある程度の長さがある直線を書く場合、途中で動きを止めているのか、それとも一気に描いているのかもチェックをしておくとよいでしょう。前者の場合、手首を上手く使えず、指を動かせて補える範囲だけで描いている場合があります。そのような場合、入学後に文字を習っていく際、上手く書くことができないなど、影響が出る場合もあります。今だけではなく、先を見据えて練習をしてください。

【おすすめ問題集】

Ｊｒ・ウォッチャー51「運筆①」、52「運筆②」

## 問題19　分野：図形（位置の移動）／男子

〈準備〉　サインペン（青）

〈問題〉　初めに、お手本の問題を一緒に解いてみましょう。左上の絵を見てください。右の四角には、移動するときのお約束が描いてあります。
・オオカミは上下左右に動きます。
・ヒツジは○のところの草を食べることができます。ただし、羊飼いと一緒にいてもオオカミより弱いので、オオカミの通るところの草は食べることができません。
・イヌはオオカミを追い払うことができるので、オオカミが通るところでも○のところの草を食べることができます。
・オオカミは羊飼いや岩やイヌを飛び越えて進むことはできません。
ヒツジやイヌが食べられる草を○で囲むと、図のようになります。では、①～⑦の問題も同じように解いてください。

〈時間〉　3分

〈解答〉　下図参照

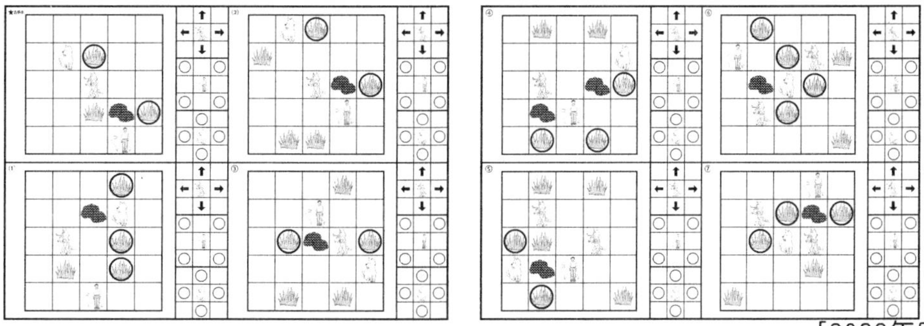

［2022年度出題］

### 学習のポイント

条件がかなり複雑で、難易度の高い問題です。お子さまが難しく感じているようでしたら、保護者の方が1つずつ条件の説明を入れながら解いてみてください。その際、補助線を引きながら問題を考えることがおすすめです。例えば、オオカミの動きを線で書いてから、イヌとヒツジの食べられる草を考える方法があります。イヌはオオカミの動線上にある草も食べることができ、逆にヒツジは動線上にある草は食べられません。このように、落ち着いて条件を整理し、視覚的補助を用いることで、複数の条件を照らし合わせながらの作業に慣れることができます。慣れてきたら、視覚的補助は無くし、頭の中で考える段階に移行します。

【おすすめ問題集】
Ｊｒ・ウォッチャー47「座標の移動」

## 問題20　分野：言語（発表）／男女

〈準備〉　なし

〈問題〉　（事前にカードを点線に沿って切り離しておく）
3枚のカードがあります。出されたカードで思ったことを話してください。
・積み木カードでは、誰と好きなおもちゃで遊びたいかを話してください。
・ライオンカードでは、誰と動物を観に行きたいかを話してください。
・ハンバーグカードでは、好きな食べものを誰と食べに行きたいかを話してください。
例えば、ライオンカードが出たときは「好きな動物はキリンです。お父さんと観にいきたいです」のように発表します。

〈時間〉　各10秒

〈解答〉　省略

［2022年度出題］

### 学習のポイント

この問題は、一列に並んで次々に先生の前で発表する形で行われました。面接ならばある程度聞かれることを予想をして練習ができますが、本問だと想定外の質問が投げかけられて慌ててしまうことがあるでしょう。このような課題を出す意図として、お子さまのコミュニケーション力を観ることの他に、用意した回答ではなく、ありのままのお子さまやご家庭の様子を知ろうとしていることがあります。ですから、普段からいろいろな経験をして、印象に残っているものを答えられるとよいでしょう。お子さまが、楽しい記憶や幸せな記憶について話すとき、目はキラキラと輝き、自然と明るい表情になります。受け答えの内容だけでなく、話しているときの表情や声、雰囲気なども観られていることを忘れないでください。

【おすすめ問題集】
新 小学校受験の入試面接Ｑ＆Ａ、家庭で行う面接テスト問題集、
新 口頭試問・個別テスト問題集、新ノンペーパーテスト問題集

◎学習効果を上げるため、前掲の「家庭学習ガイド」をお読みになり、各校が実施する入試の出題傾向を、よく把握した上で問題に取り組んでください。
※冒頭の「本書ご使用方法」「本書ご使用にあたっての注意点」も併せてご覧ください。

# 〈なぎさ公園小学校〉

## *2023年度の最新問題*

問題を解いている間に、解答を間違えたときは×を書いてください。

### 問題21　分野：口頭試問（記憶、知識、お話作り）

〈準備〉　なし

〈問題〉　この問題の絵はありません。
花子さんとお兄さんは、外へ出て縄跳びをしました。お兄さんは上手ですが、花子さんは上手く跳べません。庭では、お母さんが、チューリップの水やりをしていました。

①お話の季節はいつですか。
②花子さんとお兄さんは、何をしましたか。
③お話の続きを作りましょう。

〈時間〉　適宜

〈解答〉　①春　②縄跳び　③省略

**学習のポイント**

例年出題されている複合型の口頭試問です。お話を記憶することはもちろん、お話の内容から派生した知識が必要になります。設問①では、お話の内容から季節を推測します。季節がわかるものにチューリップがありますが、チューリップの咲く時期を知らなければ正解することはできません。設問③では、お話作りをします。前部分のお話の流れを汲みつつ、子どもらしい自由でのびのびとしたお話が考えられるとよいでしょう。お話作りに必要なものは、想像力と説明力です。これらは、読み聞かせを通して鍛えることができます。読み聞かせをした後に、お子さまに「○○は何をした？」「△△はどんな気持ちだと思う？」という具合に質問をしてみましょう。「いつ・どこで・誰が・何を・なぜ・どのように」を整理でき、心情理解もできます。また、質問に答えることは、自分の考えを相手に伝える練習になるため、説明力が鍛えられます。

【おすすめ問題集】
口頭試問最強マニュアル ペーパーレス編、新口頭試問・個別テスト問題集、
新ノンペーパーテスト問題集、Ｊｒ・ウォッチャー19「お話の記憶」、
20「見る記憶・聴く記憶」、21「お話作り」、27「理科」、55「理科②」

## 問題22　分野：推理

〈準備〉　鉛筆

〈問題〉　**この問題の絵は縦に使用して下さい。**
上の四角を見てください。左の形が箱を通ると、右の形になって出てきます。では、下の四角を見てください。同じ約束で左の形が箱を通るとどのような形で出てきますか。○をつけましょう。

〈時間〉　各20秒

〈解答〉　下図参照

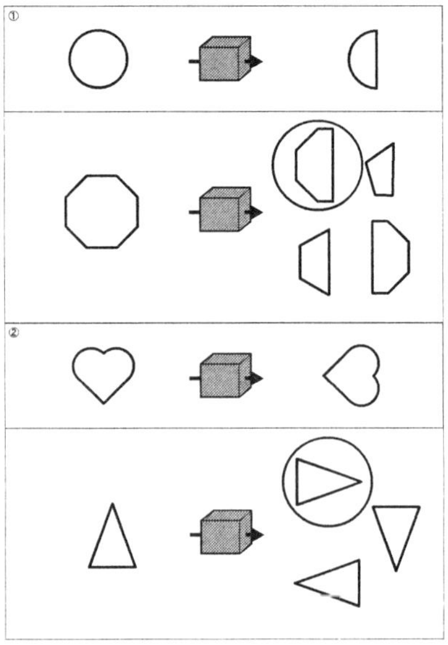


### 学習のポイント

まず、箱を通ると形がどのようになるかを整理することから始めます。設問①では、箱を通った円は半分に切れた左側の部分が出てきています。設問②では、箱を通ったハートは右に倒れた形で出てきています。このように、ブラックボックスの問題では、それぞれの箱のお約束を理解し、流れを順番に考えていくことが大切です。お約束が整理できたら、選択肢から解答を選びます。設問①では正八角形の左半分の形が正解ですが、選択肢には正六角形や正五角形を半分に切った形や、正八角形の右半分の形があります。この段階でミスをしないように、選択肢をよく観察し、慎重に選ぶようにしましょう。解答を間違えてしまった場合は、解答に至るまでの、お子さまの思考回路を確認し、どの段階でミスをしたのか、保護者の方がチェックしてあげてください。

【おすすめ問題集】
Ｊｒ・ウォッチャー32「ブラックボックス」

## 問題23　分野：系列

〈準備〉　鉛筆

〈問題〉　空いている四角の中に入る形は何ですか。四角の中に形を書いてください。

〈時間〉　40秒

〈解答〉　下図参照

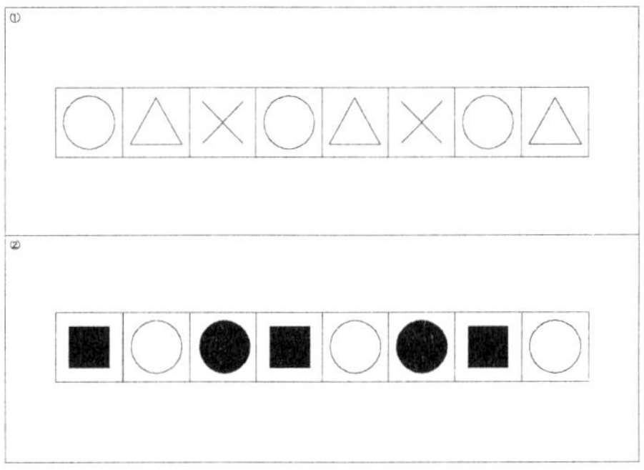

### 学習のポイント

系列を完成させるには、どのようなお約束で絵が並んでいるかを左右の配列から推理・思考することが必要です。はじめのうちは声に出してみるのも１つの方法です。①の問題であれば、「丸、三角、バツ、（　）、三角、バツ、丸、（　）」と言葉にすることで、並び方が整理でき、また、リズムによって規則性がつかみやすくなります。実際の試験では声を出すことはできませんから、この方法は、あくまでも慣れないうちの練習と考えてください。慣れてきたら、声に出すのではなく、頭の中で行うようにしましょう。また、記号を描くときは正確に書くようにしましょう。ポイントとしては、頂点のある形は、頂点をしっかりと書くよう指導してください。採点者が一目でわかるような解答を意識しましょう。

【おすすめ問題集】
口頭試問最強マニュアル　ペーパーレス編、Ｊｒ・ウォッチャー６「系列」

## 問題24　分野：巧緻性（模写、塗り絵、制作）

〈準備〉　水色の紙、はさみ、のり、クーピーペン、鉛筆、消しゴム

〈問題〉　（問題24－1と問題24－2の絵を渡す）
お手本を見ながら、鉛筆で同じ図を描いてください。消しゴムを使ってもいいです。描けたら好きな色を塗り、周りの線に沿って、はさみで切り取りましょう。切り取ったら、水色の紙の上に貼りましょう。

【作業後】
切れ端は、横のごみ箱に捨てましょう。道具箱に道具を片づけましょう。

〈時間〉　適宜

〈解答〉　省略

### 学習のポイント

制作の課題では、巧緻性、作業中の態度、指示を理解しているかなどが観察されています。巧緻性は毎日コツコツ取り組むことで上達するものです。試験官は、道具の使い方を見れば、普段から、その道具を使用しているか否かはわかります。例えば、はさみは使っていないときは刃を閉じる、人に渡すときは柄の部分を向けて渡す、のりの使用量は適量か、などです。作品の完成形ばかりに気を取られず、制作の過程も評価されていることを忘れずに、試験に臨みましょう。また、絵画や工作は、お子さまの精神状態を反映しますので、練習でも「○○しなさい」「○○はダメでしょう」などと、強い口調で指示をするのは避けてください。頭で考えたことをどのように実物にするのか考え、自由に楽しく作ることが、お子さまの想像力を育みます。

【おすすめ問題集】
実践 ゆびさきトレーニング①・②・③、Ｊｒ・ウォッチャー23「切る・貼る・塗る」

## 問題25　分野：行動観察

〈準備〉　ぬいぐるみ、畳

〈問題〉　**この問題は絵を参考にしてください。**
先生に言われた場所で、上靴を脱いで、畳の上にあがり、好きなぬいぐるみを取りましょう。座ったまま、自己紹介をしましょう。ぬいぐるみを持って、「私の名前は、○○です。よろしくお願いします」のように、自己紹介をしましょう。自己紹介が終わったら、拍手をしましょう。自己紹介が終わったら、「次の人」と言って、次の子を当てましょう。初めに誰がしたいですか。

【終了後】
使ったぬいぐるみは元の場所に片づけましょう。
（問題25の絵は問題34でも使用します）

〈時間〉　適宜

〈解答〉　省略

### 学習のポイント

人前でもはきはきと話せるようになるには、普段から、いろいろな人と会話する機会を設けることです。そのためには、例えば、スーパーへ買い物に行った際、どこに置いてあるのかわからない商品があれば、位置をお店の人に尋ねたり、公園で初めて会うお友だちと遊ぶ、家族の前で何かを発表するなど、工夫をして経験を積むとよいでしょう。コミュニケーションの場を多く持つことで、話し方が身につき、語彙が増え、自然と自信もついていきます。保護者の方は、お子さまの言葉遣いや、声の大きさ、態度などを観てあげてください。お子さまが発表することに苦手意識を持たれている場合は、保護者の方がお手本を見せてあげましょう。保護者の方が自信を持って話す姿を見ると、お子さまも実行することに抵抗がなくなります。

【おすすめ問題集】
新 小学校受験の入試面接Q＆A、家庭で行う面接テスト問題集、
口頭試問最強マニュアル ペーパーレス編

## 問題26　分野：行動観察

〈準備〉　三角コーン（８個程度）、ゼッケン

〈問題〉　**この問題の絵はありません。**
三角コーンで作られた範囲の中で、鬼ごっこをしましょう。鬼は赤色のゼッケンを持ち、手でタッチしたら次の人にゼッケンを渡しましょう。ただし、決められた場所から外へ出てはいけません。（４回程度繰り返す）

〈時間〉　適宜

〈解答〉　省略

### 学習のポイント

本問では、運動能力もさることながら、指示された通りに行動できているか、課題に意欲的に取り組んでいるか、周りのお友だちに配慮をしながら楽しく取り組めているかなどが観られています。特に、３つ目のお友だちとの関わり方には、普段のお子さまの様子が表れます。自分勝手な振る舞いや、消極的な姿勢は、協調性やコミュニケーション力に欠けると判断されかねません。保護者の方は、お子さまの普段のお友だちとの接し方をチェックしてみてください。気になることがあった際には、お子さまの考えに耳を傾けた上で「こうしたらどうかな」「〇〇さん（お友だちの名前）は、こう思うんじゃないかな」など、他者への想像力を育むようなアドバイスを心がけてください。

【おすすめ問題集】
新 運動テスト問題集、口頭試問最強マニュアル ペーパーレス編、
Ｊｒ・ウォッチャー28「運動」、29「行動観察」

## 問題27　分野：運動

〈準 備〉　マット、コーン、フープ、丸板

〈問 題〉　**この問題は絵を参考にしてください。**
お約束に従ってマットとマットの間を移動しましょう。
【指示例】
①置いてあるもの（コーン、フープ、丸板）にぶつからないように、ケンケンで移動しましょう。
②頭にコーンをかぶって、「わあああ！」と叫んでから、コーンを置いて移動しましょう。
③フープを１つ持って、下からくぐり抜けてから移動しましょう。
④ネコになって、移動しましょう。（マットとマットの間に、コーンやフープなし）
⑤ゾウになって、移動しましょう。（マットとマットの間に、コーンやフープなし）

【終了後】
マットをみんなで片づけましょう。
（問題27の絵は問題37でも使用します）

〈時 間〉　適宜

〈解 答〉　省略

### 学習のポイント

運動の課題では、先生の指示をきちんと守れているか、片付けのとき他のお友だちと協力できているかなどが観られています。課題は初歩的な動きがほとんどですから、１つひとつの動作が雑にならないよう注意してください。子どもたちが同じ動作をするとき、１人だけ違う動きをしていると、とても目立ってしまいます。大切なことは、指示されたことに、的確に、かつ意欲的に取り組むことです。１つの動作が失敗したからと言って不合格になることはないでしょう。途中、失敗しても気を落とさず、最後まで集中して次の課題に臨んでください。待っている時間の態度や姿勢も評価の対象です。特に、早く終わったお子さまは、終わったことへの安心感や、長い待ち時間があるため、緊張感や集中力が切れ、私語やふざけ合いをしてしまうかもしれません。待ち時間の過ごし方についても、練習をしておきましょう。課題終了後には片付けの指示もありますから、お友だちや先生と協力しながら、指示通りの行動ができるようにしましょう。

【おすすめ問題集】
新 運動テスト問題集、口頭試問最強マニュアル ペーパーレス編、
Ｊｒ・ウォッチャー28「運動」、29「行動観察」

## 問題28　分野：行動観察

〈準備〉　ソファベッド、なぎさっ子（120㎝くらいの人形）、長椅子、車椅子、カーテン

〈問題〉　**この問題は絵を参考にしてください。**
なぎさっ子が倒れています。みんなで病院のような部屋を作りましょう。
・それぞれの道具には①②④⑥などのシールが貼ってあります。これは、その道具を運ぶために必要な人数です。
・×が書いてあるものは動かしてはいけません。

〈時間〉　適宜

〈解答〉　省略

### 学習のポイント

ルールが細かく決められていますから、集中して説明を聞き、理解しましょう。ルールを理解できていないお友だちがいたときは、優しく教えてあげましょう。そうすると、課題が円滑に進むだけでなく、お友だちも積極的に取り組むことができます。このような気配りが、試験対策としてではなく、日常生活を通して自然と身に付けられるように保護者の方は指導してください。また、本問では部屋作りに際して、道具の配置を考える必要があります。それぞれの道具の大きさを考慮し、大きいものから配置するなど先を考えた行動が必要になります。また、ほとんどの道具が複数人で運ぶ必要があるため、お友だちとのコミュニケーション力も必要になってきます。自分勝手に行動するのではなく、「○○をここに置きたいんだけどどうかな」「△△を運ぶのを手伝ってくれないかな」と相談や声かけをし、お友だちと協力して取り組むようにしましょう。

【おすすめ問題集】
新 口頭試問・個別テスト問題集、口頭試問最強マニュアル ペーパーレス編、
Ｊｒ・ウォッチャー29「行動観察」

## 問題29　分野：保護者・志願者面接、保護者アンケート

〈準 備〉　なし

〈問 題〉　**この問題の絵はありません。**

【保護者】
・本校を選んだ理由をお聞かせください。
・家にいる時はどのように過ごしていますか。（平日と休日両方聞かれる）
・ご家庭で何か体験学習をしていますか。
・子育てで難しいと感じることについてお聞かせください。
・お子さまの名前の由来について教えてください。
・最近、どんなことでお子さまを褒めましたか。
・お子さまの長所は何だと思いますか。
・ご家庭で絵本の読み聞かせをしていますか。また、お子さまは自分で読んだりしていますか。
・現在通園している幼稚園（保育園）を選んだ理由は何ですか。
・（安田小学校の近くに住んでいる人に）ご自宅は安田小学校が近いのに、なぜ本校を選んだのですか。
・本校の教育方針とご家庭の方針で一致している点は何ですか。
・ご家庭で大事にしていることは何ですか。

【志願者】
・お名前を教えてください。
・通っている幼稚園(保育園)の名前を教えてください。
・幼稚園(保育園)で楽しかったことは何ですか。
・お母さんに褒められたことは何ですか。
・仲の良いお友だちの名前を教えてください。
・そのお友だちと何をして遊びますか。
・お友だちの好きなところを教えてください。

【保護者アンケート】
・小学校受験を考えたきっかけは何ですか。
・受験を決めてから取り組まれたことはありますか。
・小学校の情報はどこで集めましたか。
・案内冊子で参考になったものを教えてください。
・通っていた塾があれば教えてください。
・４つの柱について共感できるものはどれですか。選択肢の中から選んでください。

〈時 間〉　面接／５分程度　アンケート／15分程度

〈解 答〉　省略

### 学習のポイント

保護者と志願者が同じ場所で面接を行います。本問に記載されているすべてが質問されるのではなく、ご家庭ごとに質問は異なりました。保護者面接は、当校の教育についてや、願書に記載した内容をベースに質問が行われ、志願者面接は、和やかな雰囲気で行われます。志願者面接については「返答の正誤は重要ではありません」と学校ホームページに記載されていることからも、受け答えの姿勢や年齢なりの社会性など、お子さま自身を観ていると考えられます。時間も短く基本的な質問が中心となりますので、あまり緊張せずに面接に臨んでください。

【おすすめ問題集】
新 小学校受験の入試面接Ｑ＆Ａ、家庭で行う面接テスト問題集、
保護者のための面接最強マニュアル

## 2022年度以前の入試問題

### 問題30　分野：口頭試問（記憶、知識、お話作り）

〈準 備〉　なし

〈問 題〉　**この問題の絵はありません。**

①私とみなこちゃんは、公園へ行きました。公園には私より大きいヒマワリが咲いていました。最初に、みなこちゃんとシーソーで遊びました。シーソーで遊んだあと、お水を飲みに行こうとしたら、みなこちゃんが転んでしまいました。

（１）あなたは、どうしますか。
（２）お話の季節はいつですか。

②お母さんとお父さんと太郎くんで山登りに行きました。山道でドングリとクリを拾うリスを見つけました。太郎くんは疲れたので、ドングリの木の下で休憩をしました。休憩が終わると、また歩き始めました。山頂に着くと、お昼ご飯のおにぎりを食べました。

（１）太郎くんは誰と山登りに行きましたか。
（２）お話の季節はいつですか。
（３）お話の続きを作りましょう。

〈時 間〉　各10秒　お話作り：１分

〈解 答〉　①（１）省略　（２）夏
②（１）お父さん、お母さん　（２）秋　（３）省略

［2022年度出題］

### 学習のポイント

お話の記憶の問題としては入門的な部類に属しますが、このような短文の問題でも、お子さまの解答には差が生まれます。お子さまを指導するときに一番大切なことは、出題されている問題では何が問われているのかを把握することです。正解を導き出すことのみに重点を置いた学習方法では、入学後の授業についていけない子どもを生み出しかねません。そうならないためにも、正しい指導方法を身に付けましょう。この問題の場合、「集中力」「記憶力」「生活体験」「常識(人との関わり方・季節)」「生活体験」等が重要なポイントです。たったこれだけの短文にこのような要素がたくさん詰まっていますが、それぞれの力は一朝一夕には身に付きません。特に、お話の記憶はお子さまの力が読み聞かせの量に比例する分野でもあり、入学試験全体の土台となる領域になります。これらのことを踏まえて問題全体を見直すと、多面的な学習・知識の必要性がご理解いただけるかと思います。特に生活体験を必要とする問題は、机上だけの学習では身に付けることはできません。

【おすすめ問題集】
１話５分の読み聞かせお話集①②、お話の記憶 初級編・中級編・上級編、
Ｊｒ・ウォッチャー19「お話の記憶」、20「見る記憶・聴く記憶」、
新口頭試問・個別テスト問題集、新ノンペーパーテスト問題集

## 問題31　分野：推理（ブラックボックス）

〈準備〉　鉛筆

〈問題〉　**この問題の絵は縦に使用して下さい。**
①箱を通ると、真四角が半分になります。では、同じお約束で♡が通るとどのようになりますか。○をつけましょう。
②箱を通ると、黒い所が白に、白い所が黒に変わります。では、同じお約束で下の形が通るとどのようになりますか。鉛筆で塗りましょう。

※実際の試験ではいずれか１問のみ出題。

〈時間〉　30秒

〈解答〉　下図参照

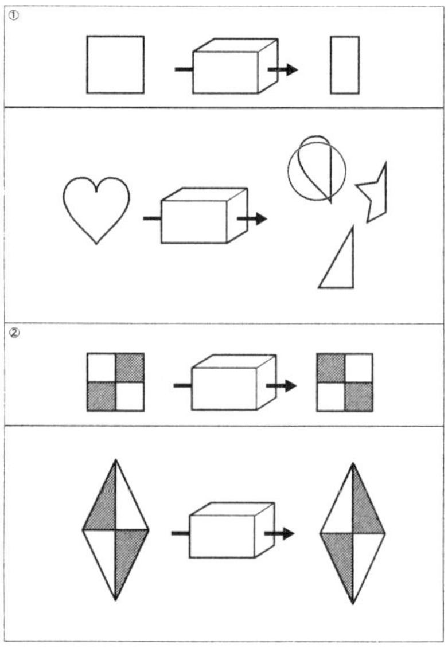


［2022年度出題］

### 学習のポイント

問われている内容が異なりますが、実際に出題されるのはどちらか１つですので、落ち着いてお約束を確認して解答できるようにしましょう。この問題のポイントの１つは、単なるブラックボックスの問題ではなく、鉛筆で塗る作業も入っている複合問題であることです。簡単とはいえ、位置関係をしっかりと把握した上で、丁寧に、時間内に鉛筆で塗らなければなりません。そのような点では作業スピードも求められます。作業スピードを上げるには地道な訓練が必要です。位置関係や物の変化を考える点では、論理的思考力も求められる内容になっています。最初の設問は、左の形を指で隠してしまえば解答はわかりますが、これでは知識を習得しているとは言えません。しっかりと学習し、論理的思考力を鍛えるように心がけてください。そのためには、どうしてその解答になったのか、他はどうして違うのかを答え合わせの前に質問してみましょう。

**【おすすめ問題集】**
Ｊｒ・ウォッチャー32「ブラックボックス」

## 問題32　分野：推理（系列）

〈準備〉　鉛筆

〈問題〉　**この問題の絵は縦に使用して下さい。**
?のところに入る記号は何ですか。矢印の下の箱の中に、入る記号を書きましょう。

※実際の試験ではいずれか１問のみ出題。

〈時間〉　30秒

〈解答〉　下図参照

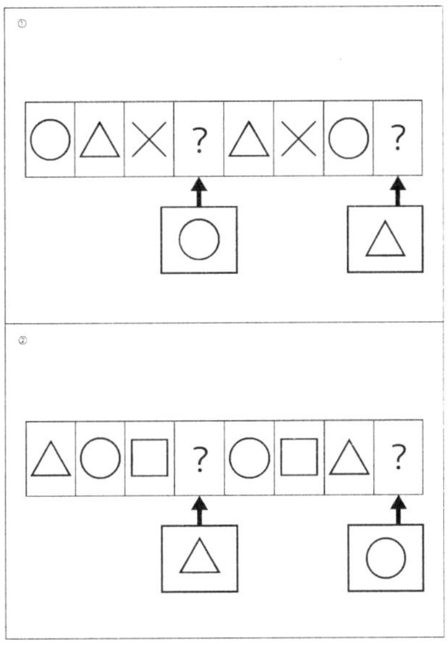

［2022年度出題］

### 学習のポイント

系列の問題は、どのようなお約束で絵が並んでいるかを把握することから始まります。両手を使用した解き方はよく用いられている方法ですが、できることなら、並んでいる法則を発見し、その法則に則って解答を見つけられるようにして欲しいと思います。この力を鍛えるには、簡単な問題から始めるとよいでしょう。考えることで、論理的思考力、着眼点の強化を図ることができます。系列問題のオーソドックスな解き方をご紹介しますので、参考にしてください。まずは、複数描かれてある絵を探します。見つけたら、片方の指でその絵を押さえ、もう片方の指は別の箇所に描いてある同じ絵を押さえます。片方の指を左右どちらかに一つ動かしたら、もう片方の指も同じ方向に一つ動かします。同じように動かしていくと、片方の指が空白のマスを押さえます。そのとき、もう片方の指が押さえている絵が解答になります。

【おすすめ問題集】
Ｊｒ・ウォッチャー６「系列」

## 問題33　分野：巧緻性（模写、塗り絵、制作）

〈準備〉　緑色の紙、はさみ、のり、クーピーペン、鉛筆、消しゴム

〈問題〉　(問題33-１と問題33-２の絵を渡す)
お手本を見ながら、鉛筆で同じ図を描いてください。消しゴムを使ってもいいです。描けたら好きな色を塗り、周りの線に沿って、はさみで切り取りましょう。切り取ったら、水色の紙の上に貼りましょう。

【作業後】
切れ端は、横のごみ箱に捨てましょう。道具箱に道具を片づけましょう。

〈時間〉　適宜

〈解答〉　省略

［2022年度出題］

### 学習のポイント

この問題ではいくつも指示があり、お子さまにとっては難易度の高い問題だと思います。このような巧緻性の問題のとき、保護者の方は問題に含まれている観点に着眼してください。巧緻性の問題は上達の近道はありません。また、体験量が出来映えに大きく影響する分野の一つです。ですから、巧緻性の問題は「できた」「できなかった」という観点で観るのではなく「何が得意で、何が不得意か」を把握することが重要になります。その上で、苦手な作業を日常生活の中に落とし込み、お子さまの経験量を増やすように心がけてください。今回の問題では切れ端の処理について指示が出されていますが、指示がなくても片付けまできちんとする習慣を身に付けましょう。この問題では切れ端ですが、同じ観点では、使用したハサミの状況、ハサミの渡し方、使用した椅子の状態など、一見すると問題とは関係ないようなことでも、入試では行動観察の項目としてチェックされることもあります。このようなことは日常生活を通して習得を心がけてください。

【おすすめ問題集】
実践 ゆびさきトレーニング①・②・③
Ｊｒ・ウォッチャー23「切る・貼る・塗る」、25「生活巧緻性」

## 問題34　分野：行動観察

〈準備〉　ぬいぐるみ

〈問題〉　この問題は絵を参考にしてください。
(問題25の絵を使用します)
畳の部屋の中央にぬいぐるみが置いてあります。指示された場所で上靴を脱ぎ、ぬいぐるみを１つ取ってから座ります。その後「私の名前は○○です。よろしくお願いします」のように自己紹介をしましょう。それを聞いている全員で「よろしくお願いします」と言って、拍手をしましょう。初めに誰がしたいですか。
※終わったら次にやりたい子を挙手させ、子どもに当てさせる。

〈時間〉　適宜

〈解答〉　省略

［2022年度出題］

### 学習のポイント

項目を挙げるとしたら、指示行動、自己紹介ということなりますが、この問題にも観点は多く含まれています。しかし、それらの観点は意識することなく自然にクリアしたいものです。例えば「上靴を脱いで畳の上に上がり」とありますが、靴を脱いだあと、きちんと揃えているでしょうか。他のお友達の靴が乱れていたらきちんと揃えることができるでしょうか。このようなことは日常生活でしているか否かが顕著に表れます。靴を揃えるにしても、普段からしているのか、入試対策で身につけたのかは、動作を観れば分かります。自己紹介にしても、ただ名前を言うだけでなく、どのような内容を盛り込むのかも観られています。このような練習をするとき、何を盛り込むのかを教えるのではなく、お子さまに、自分の何を知ってもらいたいか、どんなことを伝えたいかを質問し、お子さまの自主性を育むようにするとよいでしょう。このような方法を採ることで、お子さまの積極性も伸ばすことができます。

【おすすめ問題集】
新 小学校受験の入試面接Q＆A、面接テスト問題集、面接最強マニュアル、
新 口頭試問・個別テスト問題集

## 問題35　分野：行動観察

〈準備〉　三角コーン（8個程度）、ゼッケン

〈問題〉　この問題の絵はありません。
三角コーンで作られた範囲の中で、鬼ごっこをしましょう。鬼は赤色のゼッケンを持ち、手でタッチしたら次の人にゼッケンを渡しましょう。ただし、決められた場所から外へ出てはいけません。（4回程度繰り返す）

〈時間〉　適宜

〈解答〉　省略

［2022年度出題］

### 学習のポイント

このような行動観察の場合、約束を守ること、積極性などと言われますが、まずは「楽しむこと」が大切だと思います。楽しむ中でルールを守ることが大切ですが、保護者の方は約束を守ることばかりに意識が集中してしまうと思います。しかし入学試験をよく考えてみましょう。初めての場所、初めてのお友だちと楽しむことが求められます。ですから、楽しみは普段の何分の1程度になってしまうと思います。そうなることを踏まえて、練習をするときは、楽しむことを意識することをおすすめします。ルールを守ることは、この問題の練習で身につけるのではなく、日常生活全般を通して身につけることです。実際の試験では、最初に先生が鬼の役をし、そのままゲームも一緒に行いました。先生を追いかけたお子さまが少ないのか、ゲームの途中に「先生も逃げている人ですよ」と言うグループもあったようです。このようなゲームなどは積極的に参加し、楽しみましょう。

【おすすめ問題集】
Ｊｒ・ウォッチャー29「行動観察」

## 問題36　分野：運動

〈準　備〉　平均台２台、マット２枚

〈問　題〉　**この問題の絵はありません。**
平均台を渡って、向こうのマットへ移動しましょう。

〈時　間〉　適宜

〈解　答〉　省略

［2022年度出題］

### 学習のポイント

同じ行動観察でも、こちらは運動系の行動観察です。近年、運動能力が落ちていると言われています。外遊びの経験が減少していることが原因の１つとも言われていますので、是非外で元気に遊ぶ機会を設けて欲しいと思います。外遊びが多いお子さまは、自然とバランス感覚が養われます。このような平均台渡るなどの行為を連続して行わせると、バランス感覚の差がはっきりと表れます。また、外遊びを推奨するもう１つの理由は集中力を鍛えることです。当たり前のことですが、運動不足になると集中力が欠けてきます。身体を動かさないと自覚はなくともストレスが溜まり、集中力の欠落を招きます。思いっきり身体を動かすことはストレスの発散にもなり、集中力アップに繋がります。そして同時にバランス感覚、体力の向上にも役立つというわけです。単純そうに見える内容こそ、対策が難しく、習得するには時間がかかることを知っておいてください。

【おすすめ問題集】
新 運動テスト問題集、Ｊｒ・ウォッチャー28「運動」、29「行動観察」

## 問題37　分野：行動観察

〈準　備〉　マット、三角コーン（４個程度）、フープ、ボール

〈問　題〉　**この問題は絵を参考にしてください。**
(問題27の絵を使用します)
お約束に従ってマットとマットの間を移動しましょう。
【指示例】
①置いてあるものにぶつからないように、できるだけ早く移動しましょう。
②フープを上からくぐり抜けてから移動しましょう。（手本あり）
③フープを下からくぐり抜けてから移動しましょう。（手本あり）
④ウサギになって移動しましょう。（マットとマットの間に、コーンやフープなし）
⑤カメになって移動しましょう。（マットとマットの間に、コーンやフープなし）
⑥マットの上から、道具に当たらないようにボールを向こうのマットに投げましょう。

〈時　間〉　適宜

〈解　答〉　省略

［2022年度出題］

## 学習のポイント

全部で６種類の課題が出されています。１つ１つの課題をしっかりと理解し、対応しなければなりません。また、この問題も単に「できた」「できなかった」だけでなく、意欲的に取り組むことを求められる内容です。設問①では、ぶつからずに移動するだけでなく、できるだけ早くという指示も出されています。つまり、同時に敏捷性も求められているということです。しかし、スピードに気を取られ過ぎると、動作が雑になってしまいますから、慌てず丁寧に取り組むことも重要になります。設問④⑤では動物が指定されているので、それらの動物の特徴を理解していることが前提になってきます。設問⑥のボール投げは比較的女の子が苦手とする内容ですので、少しずつ練習を重ねてください。このように色々と指示が変わる問題の場合、しっかりと聞く力が必要になります。お話の記憶の問題のアドバイスにも書いてありますが、人の話を最後までしっかり聞くことは日常生活を通して身に付けましょう。

【おすすめ問題集】

新 運動テスト問題集、Ｊｒ・ウォッチャー28「運動」、29「行動観察」

## 問題38 分野：行動観察

〈準 備〉 シール、おもちゃ、おもちゃ箱、お道具箱など

〈問 題〉 **この問題の絵はありません。**
先生が散らかした道具やおもちゃをきれいに直しましょう。お片付けのルールがありますので、よく聞いてください。道具やおもちゃにシールが貼ってあります。そのシールの数字が、お片付けに必要な人数です。シールに書いてある数だけお友だちを集めて、一緒にお片付けをしましょう。お友だちの人数が足りないときは、先生を呼んでも構いません。

〈時 間〉 適宜

〈解 答〉 省略

［2022年度出題］

## 学習のポイント

シンプルに見れば片付けの問題ですが、片付ける物にはシールが貼ってあり、それらを動かすのに必要な人数が示されていました。ですから、積極的かつ臨機応変な姿勢で作業をしなければならず、これを初対面同士のお子さまで行うのは、難易度が高いといえるでしょう。人数が足りないときは、先生を呼んでもいいと説明がありましたが、直ぐに先生を呼ぶのはよくありません。足りないときはという言葉をしっかりと理解した上で対応できるようにしましょう。そうした環境下で積極性も求められることを考えると、総合的にも難易度の高い問題と言えると思います。それは実技の内容もさることながら、この問題を解くのに必要な要素を身につけるのに時間がかかることも含まれてのことです。当校の問題を観ると日常生活の重要性がよく解ると思います。入学試験問題の活用方法は、出題を通してその学校の求めていることを知り、日常生活の中に落とし込み、経験量を積ませることでもあります。こうした問題を通して送られる学校側のメッセージをしっかりと受け止めてください。

【おすすめ問題集】

Ｊｒ・ウォッチャー29「行動観察」

## 問題39　分野：保護者・志願者面接、保護者アンケート

〈準備〉　なし

〈問題〉　**この問題の絵はありません。**

【保護者】
・本校を選んだ理由をお聞かせください。
・家にいる時はどのように過ごしていますか。（平日と休日両方聞かれる）
・ご家庭で何か体験学習をしていますか。
・子育てで難しいと感じることについてお聞かせください。
・お子さまの名前の由来について教えてください。
・最近、どんなことでお子さまを褒めましたか。
・お子さまの長所は何だと思いますか。
・ご家庭で絵本の読み聞かせをしていますか。また、お子さまは自分で読んだりしていますか。
・現在通園している幼稚園（保育園）を選んだ理由は何ですか。
・（安田小学校の近くに住んでいる人に）ご自宅は安田小学校が近いのに、なぜ本校を選んだのですか。

【志願者】
・お名前を教えてください。
・通っている幼稚園（保育園）の名前を教えてください。
・幼稚園（保育園）で楽しかったことは何ですか。
・好きなお手伝いは何ですか。
・お手伝いの中で、包丁は使いますか。
・最近、お母さんに褒められたことは何ですか。
・ここの小学校の名前を言いましょう。

【保護者アンケート】
・小学校受験を考えたきっかけは何ですか。
・受験を決めてから取り組まれたことはありますか。
・小学校の情報はどこで集めましたか。
・参加したイベントや説明会に○をしてください。
・イベントや説明会で特に印象に残っていることがあればお答えください。
・４つの柱について共感できるものはどれですか。選択肢の中から選んでください。

〈時間〉　面接／５分程度　アンケート／15分程度

〈解答〉　省略

［2022年度出題］

## 学習のポイント

面接対策を考えるとき、多くの保護者の方は回答した内容を気にします。ですが学校側が重要視しているのは表面的な回答だけではなく、回答の背景、回答者の言葉であること（用意した暗記を述べているのではないこと）言葉の強さ、保護者の方ならではの信念など、回答を発している人が観察されます。また、用意した回答を上手に述べても、面接官の心には響きません。大切なことは、回答を相手の心に届けることであり、上手に述べることではありません。そのような本末転倒な対策をとられている方が多く観られるのは面接です。面接は回答者の考えを伺うものですから、回答中に噛んだとしてもマイナス評価をつえける学校はありません。そのようなことは気にせず、ご自身の考えを、面接官に自信を持ってお答えください。面接テストに関するアドバイスは、弊社発行の「面接テスト問題集」（お子さま用）、「面接テスト最強マニュアル」（保護者用）に記載してあります、アドバイスをご覧ください。取材の基づいたアドバイスを多数掲載しておりますので、面接テストの対策に最適です。

【おすすめ問題集】
新 小学校受験の入試面接Ｑ＆Ａ、家庭で行う面接テスト問題集、
保護者のための面接最強マニュアル

**家庭学習のコツ③　効果的な学習方法～問題集を通読する**

過去問題集を始めるにあたり、いきなり問題に取り組んではいませんか？　それでは本書を有効活用しているとは言えません。まず、保護者の方が、すべてを一通り読み、当校の傾向、ポイント、問題のアドバイスを頭に入れてください。そうすることにより、保護者の方の指導力がアップします。また、日常生活のさまざまなことから、保護者の方自身が「作問」することができるようになっていきます。

# 問題２－１

★お手本

①

日本学習図書株式会社

☆安田学園安田小学校

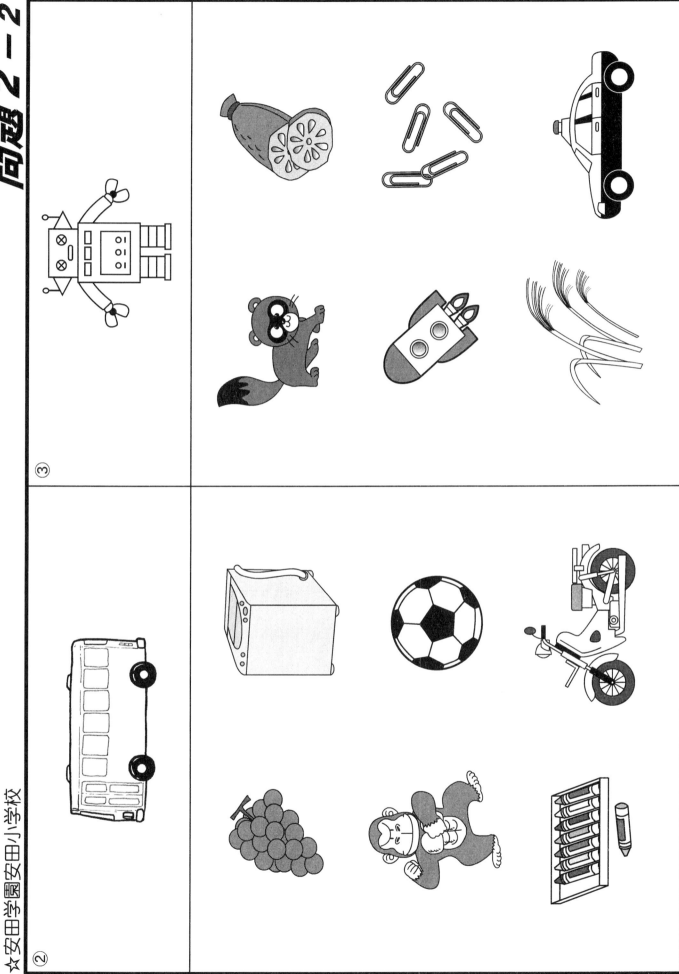

# 問題２－２

②

③

☆安田学園安田小学校

2024 年度　広島県版　私立小学校　過去　無断複製／転載を禁ずる　　日本学習図書株式会社

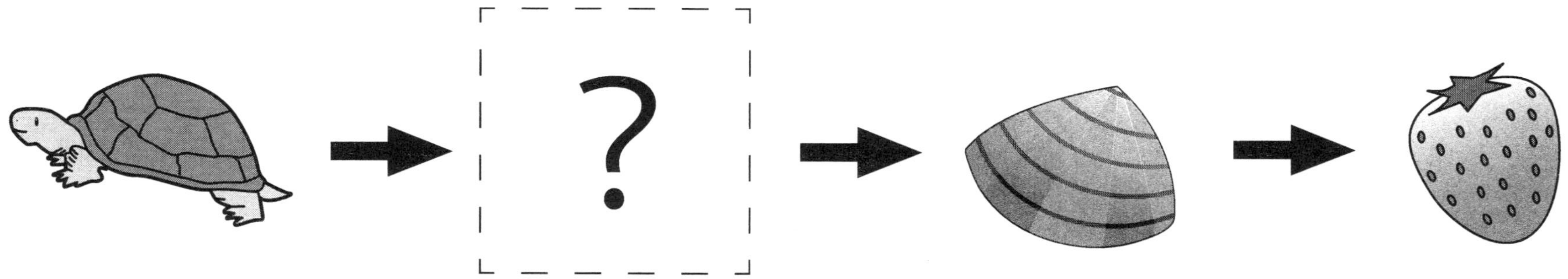

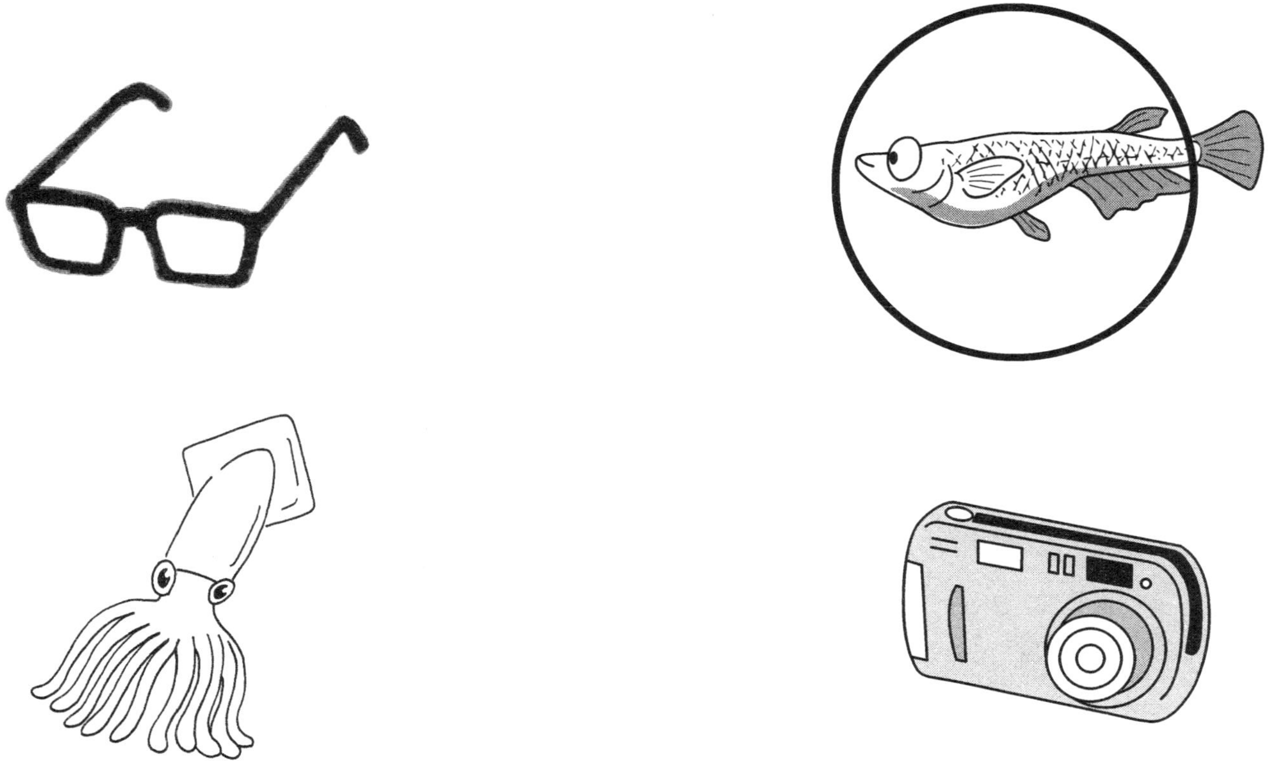

①

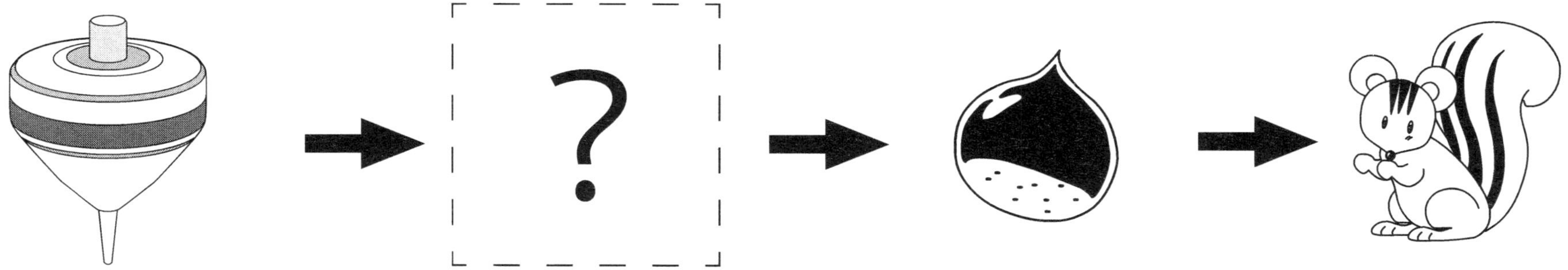

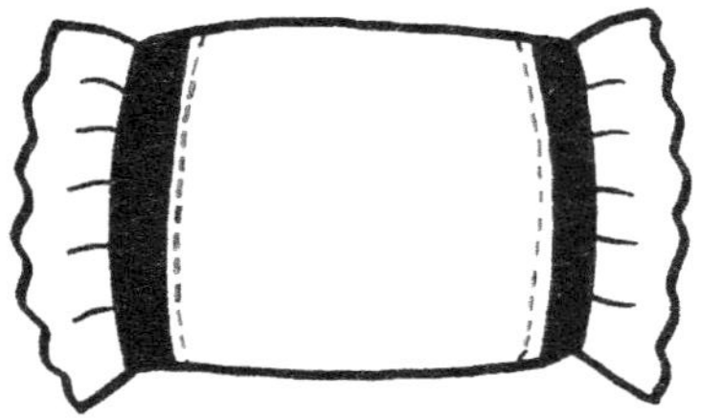

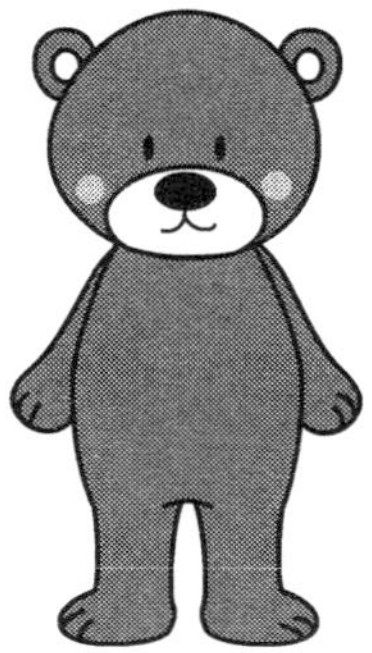

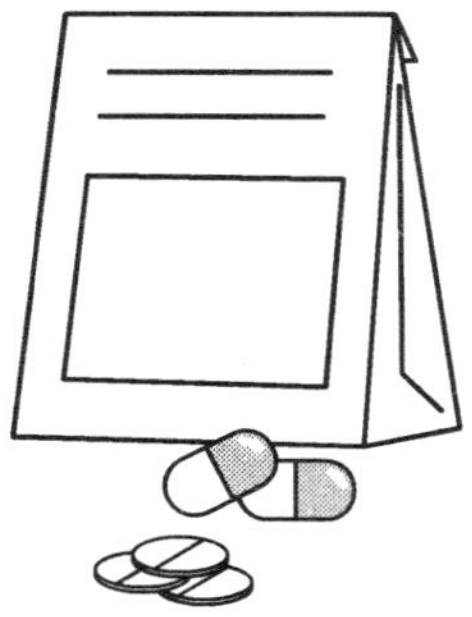

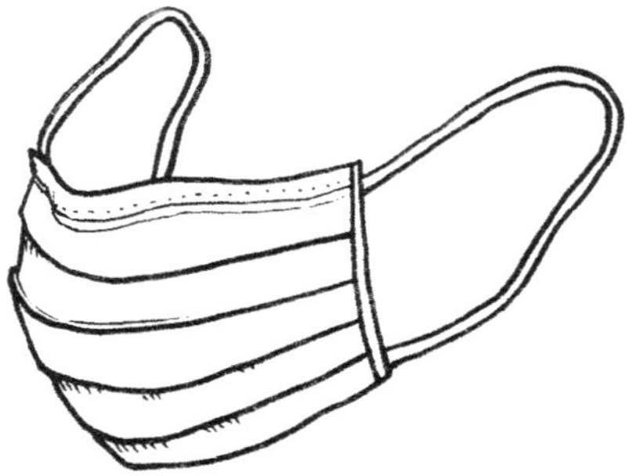

# 問題3－3

②

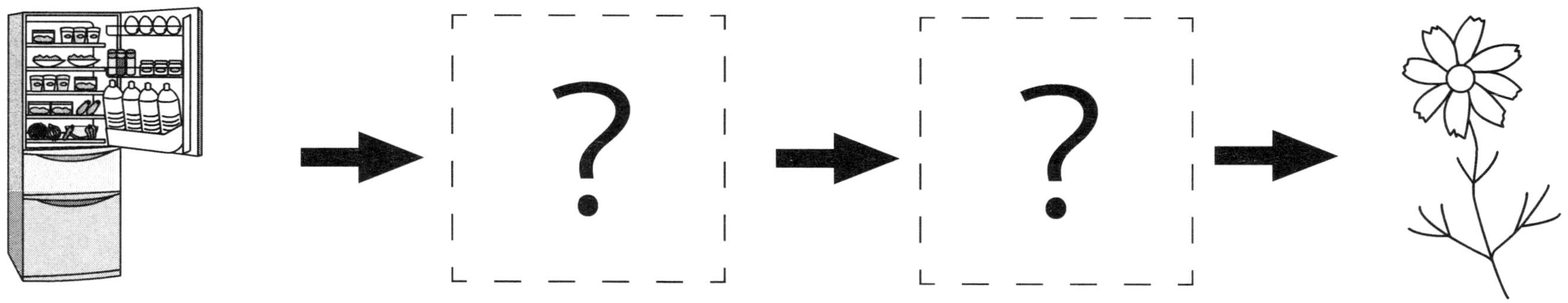

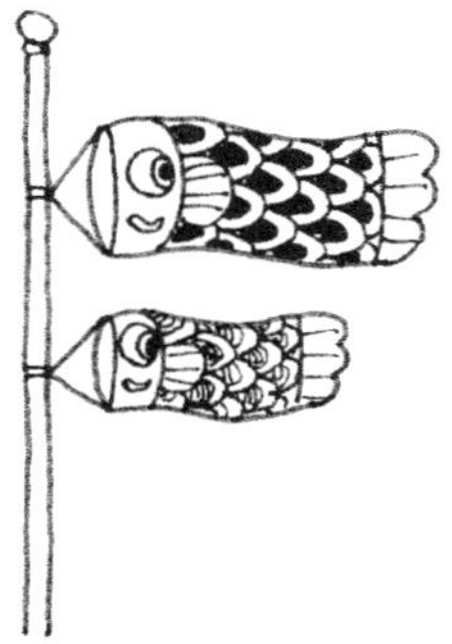

日本学習図書株式会社

☆安田学園安田小学校

2024 年度　広島県版　私立小学校　過去　無断複製／転載を禁ずる　　日本学習図書株式会社

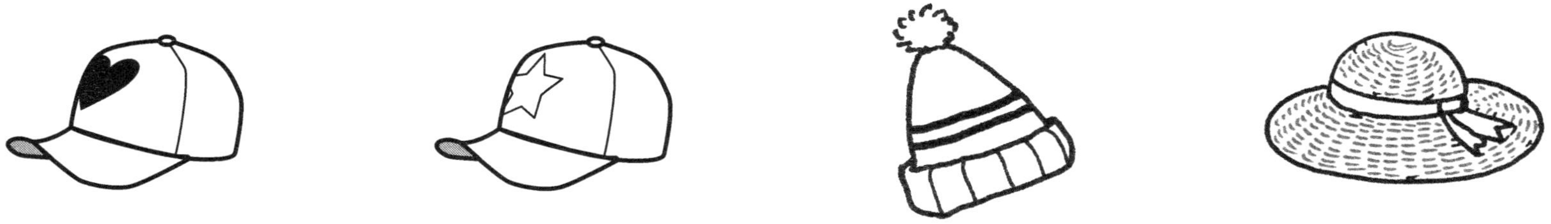

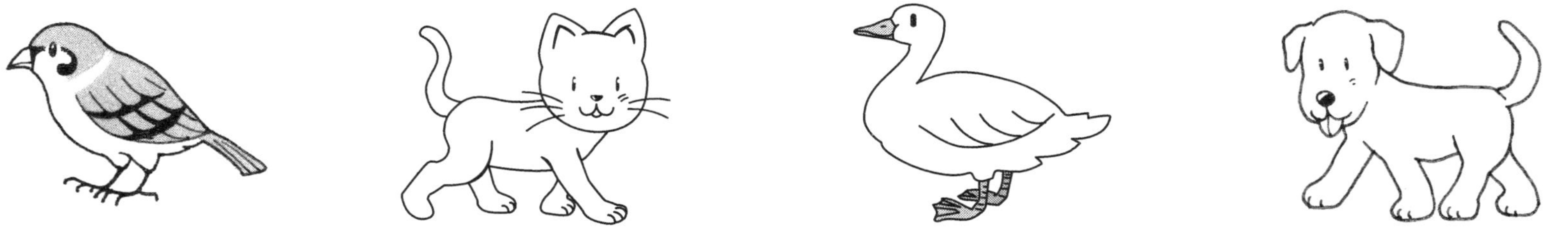

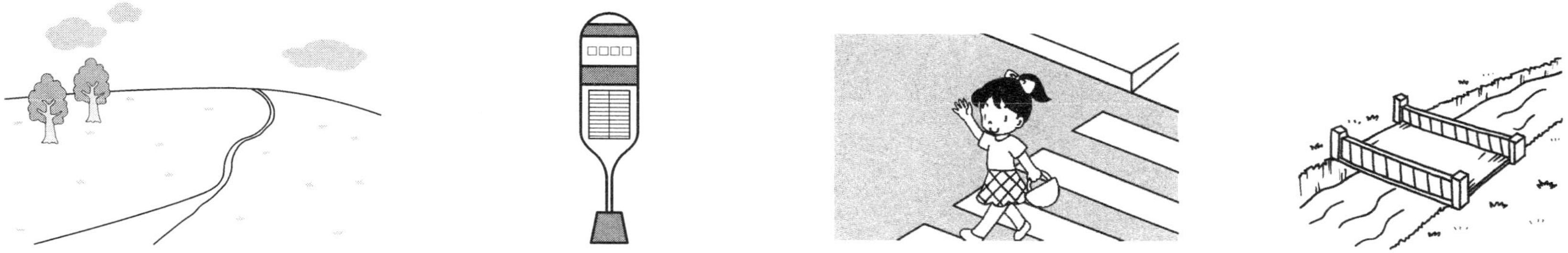

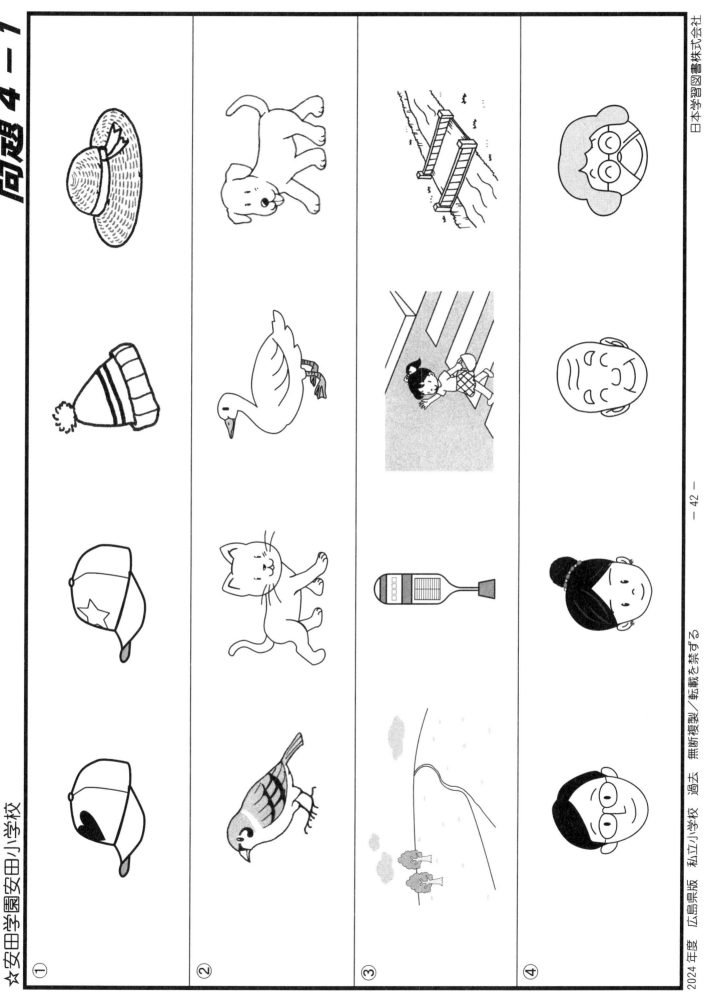

☆安田学園安田小学校

# 問題４－２

⑤

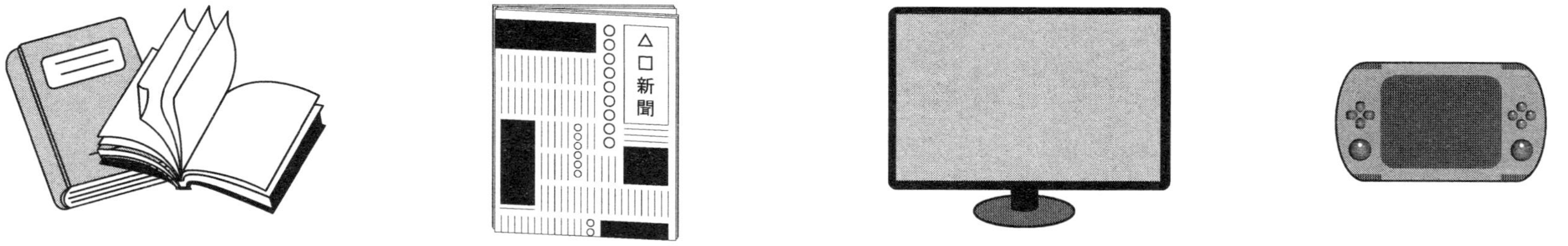


⑥

⑦

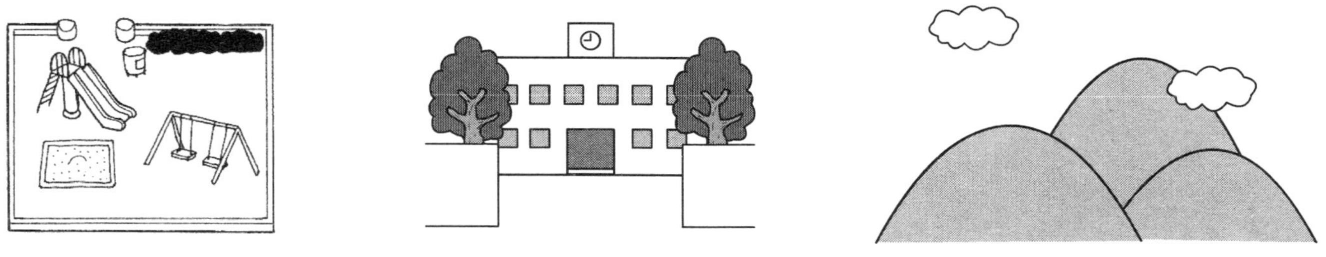

⑧

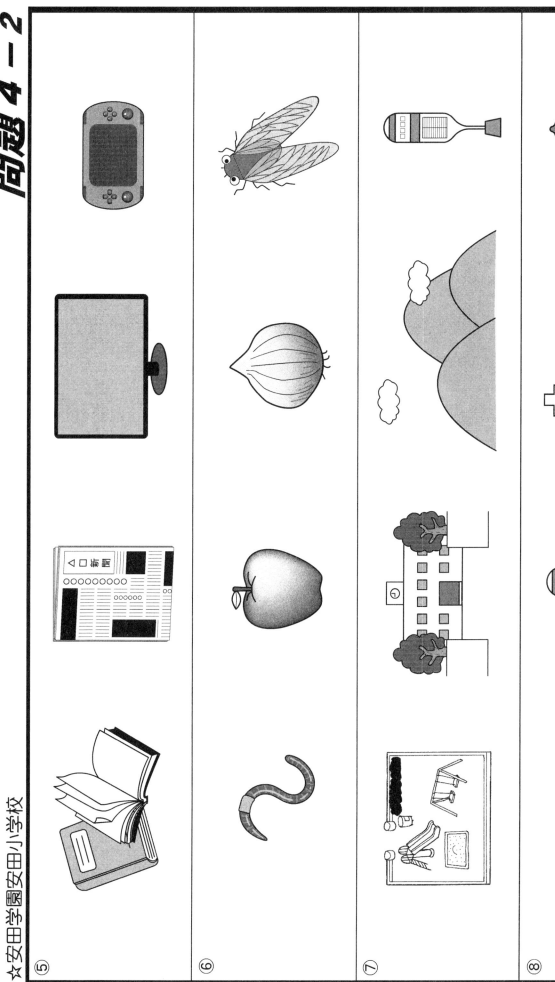

# 問題５－１

①

②

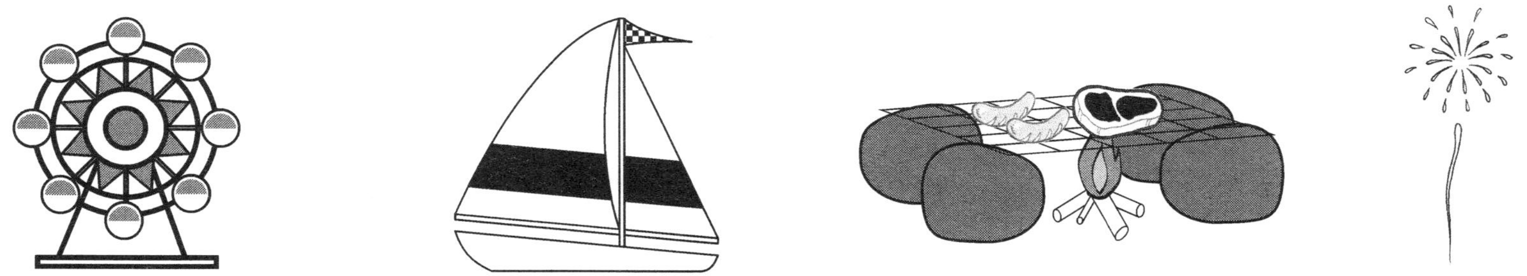

③

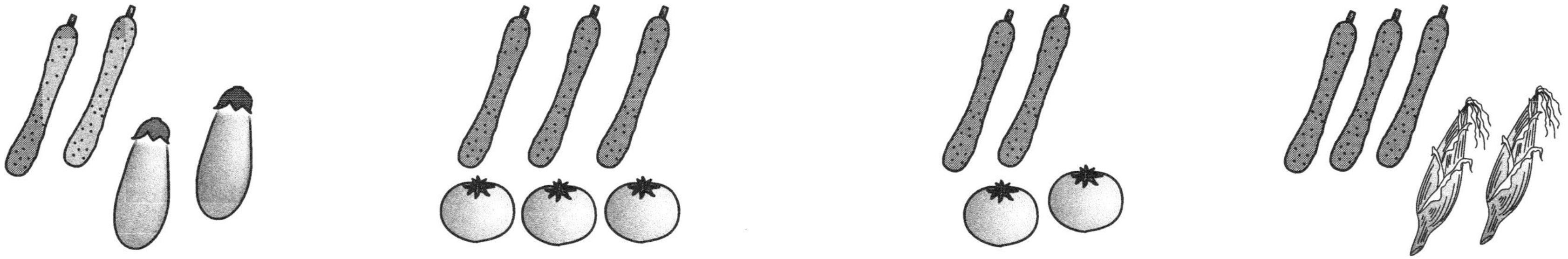

④

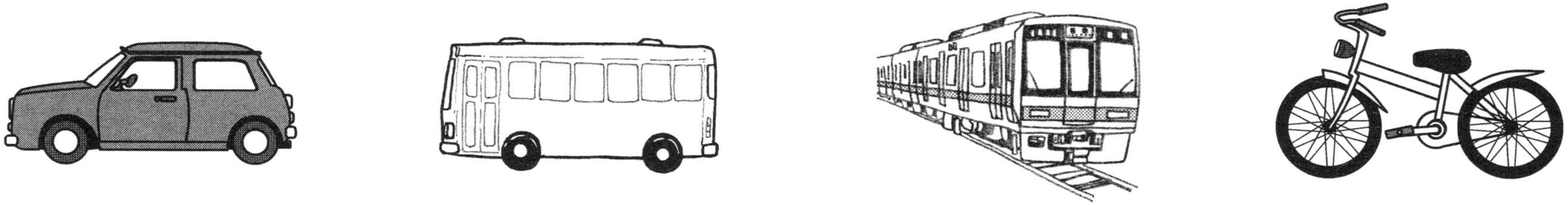

⑤

⑥

⑦

⑧

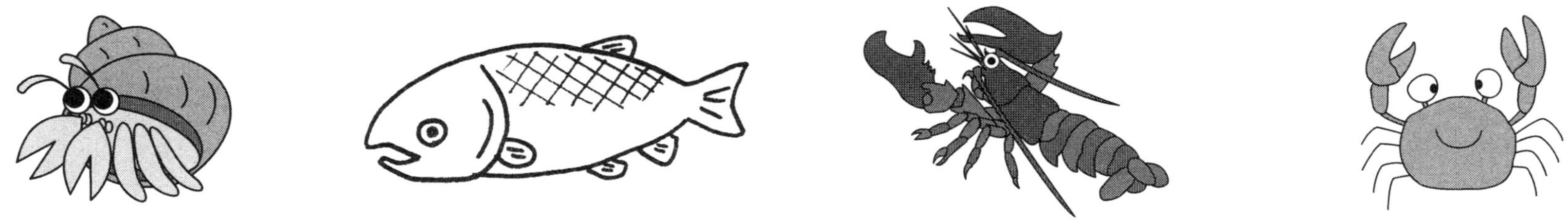

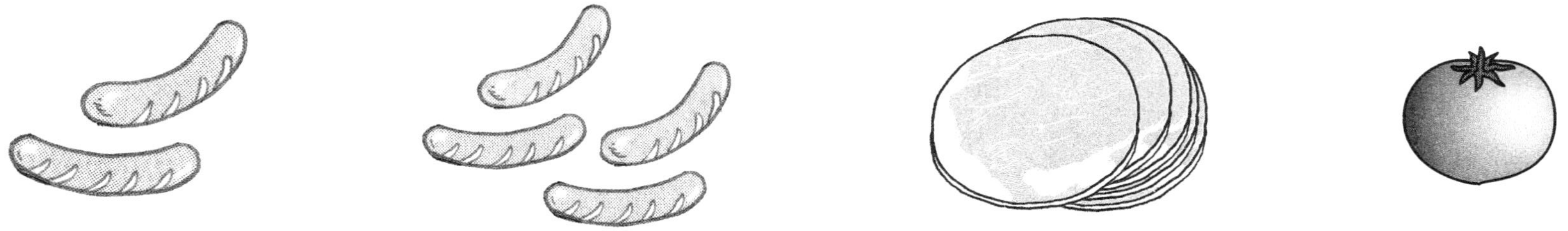

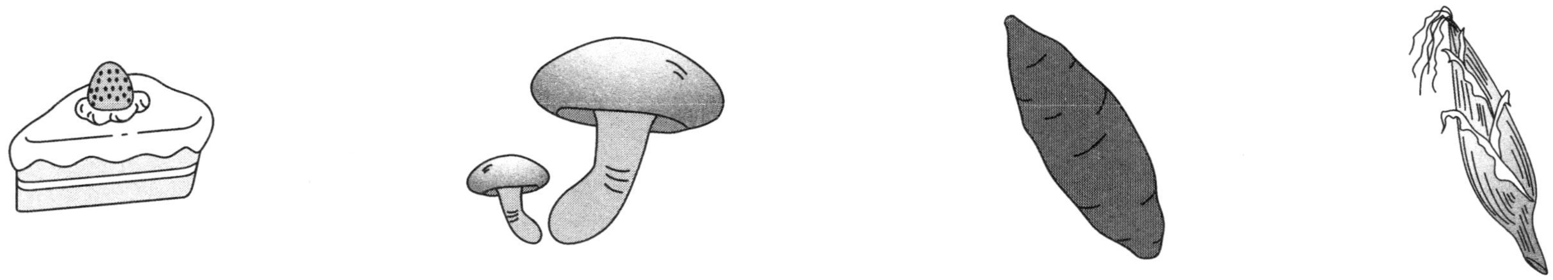

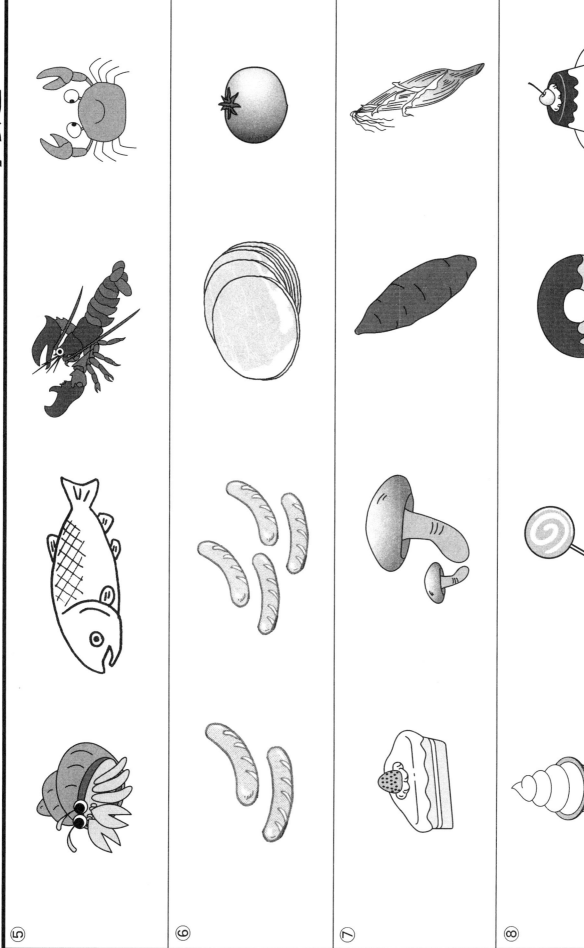

☆安田学園安田小学校

# 問題７－１

★お手本

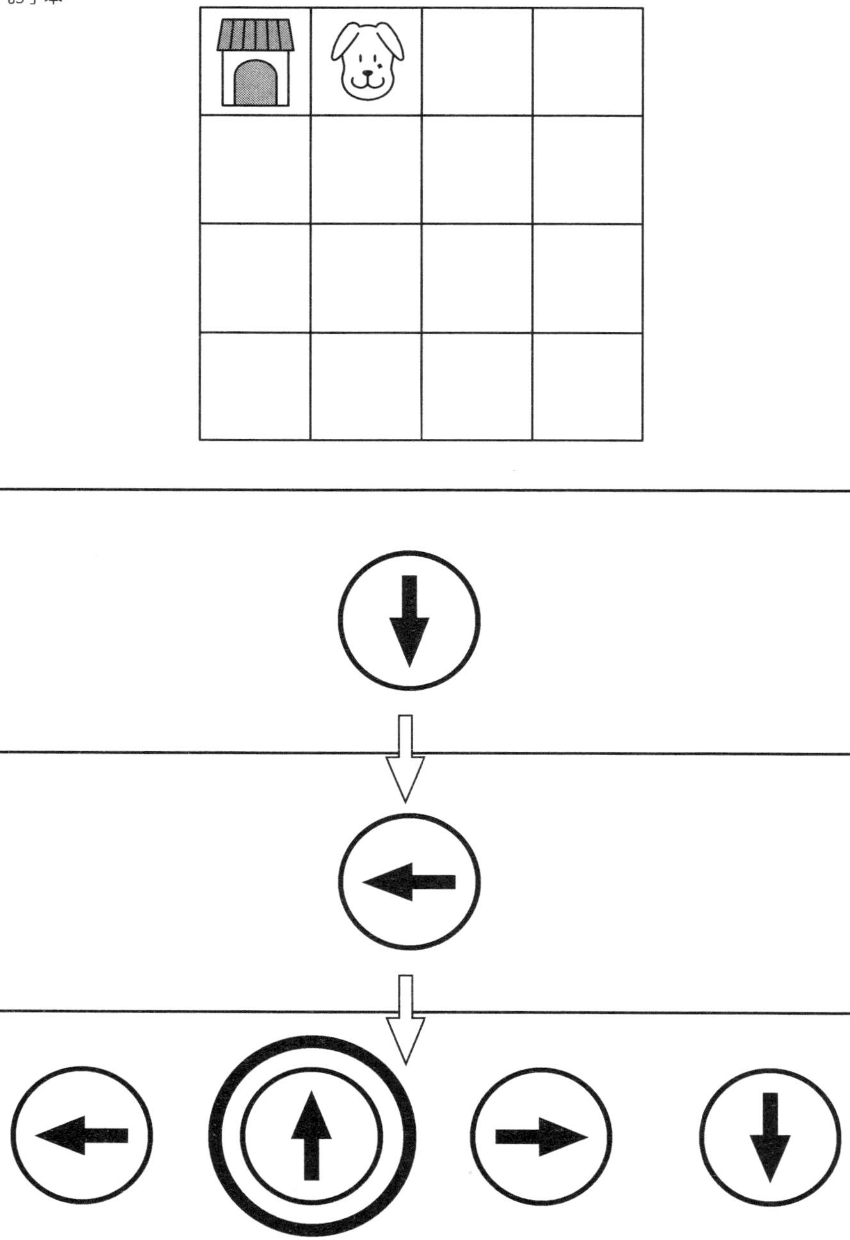

①

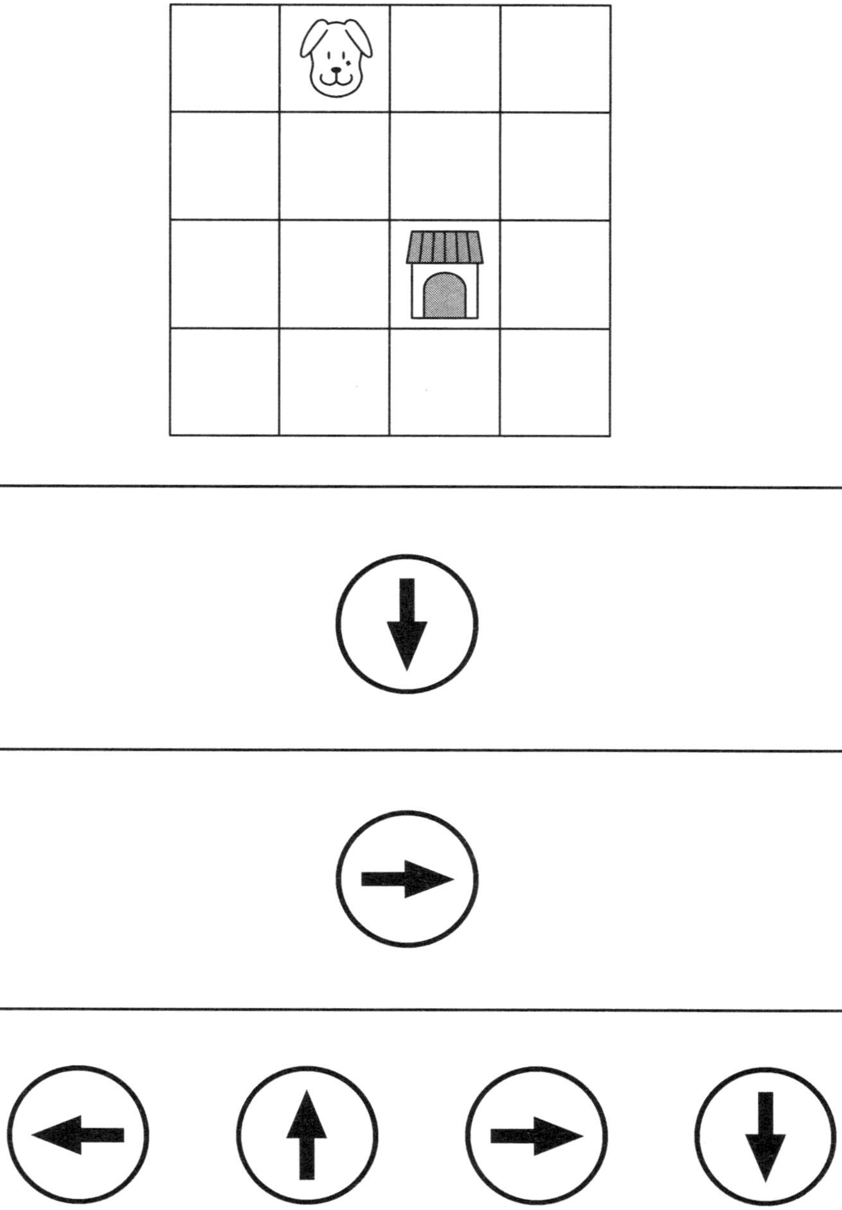

②

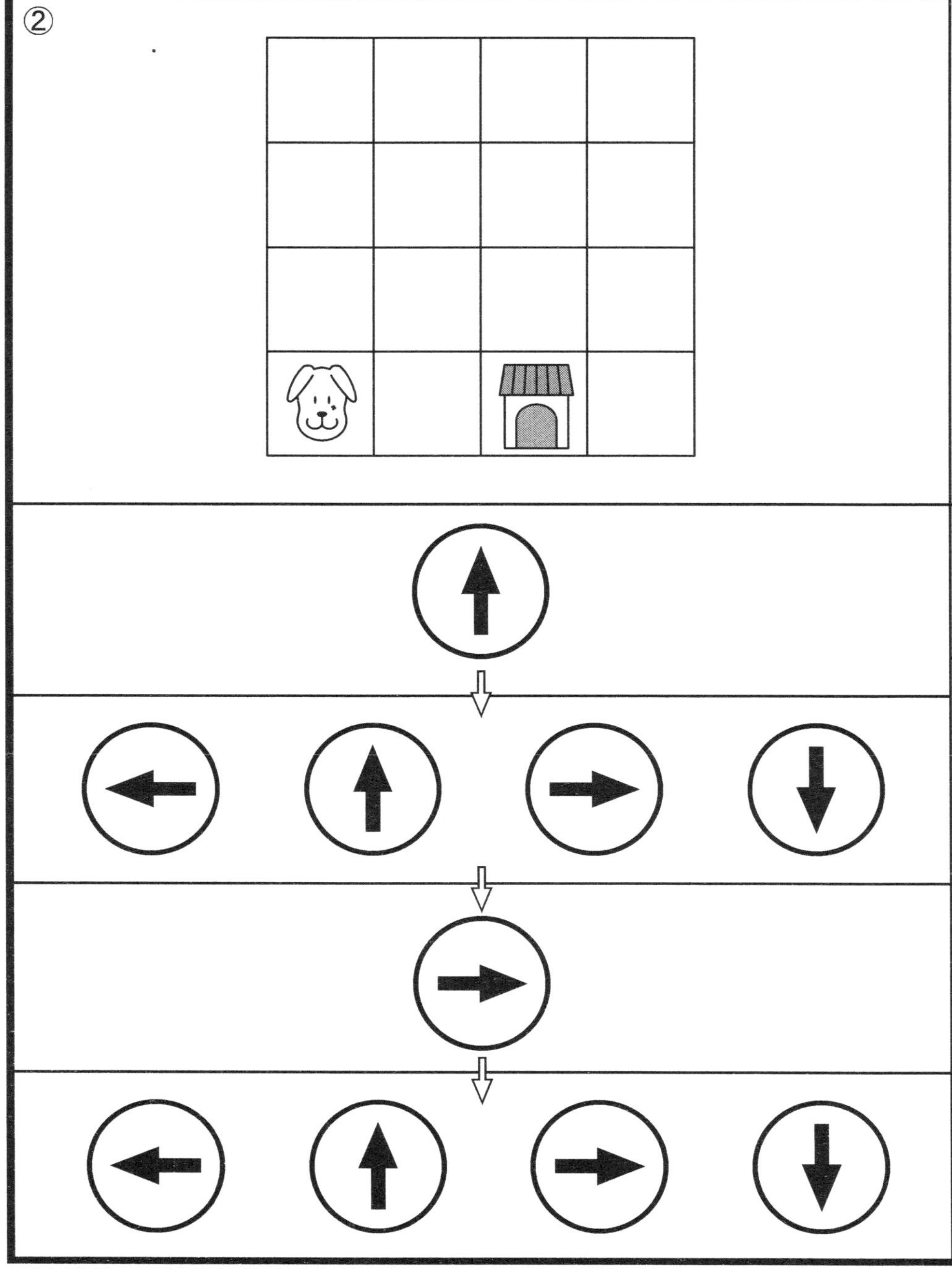

③

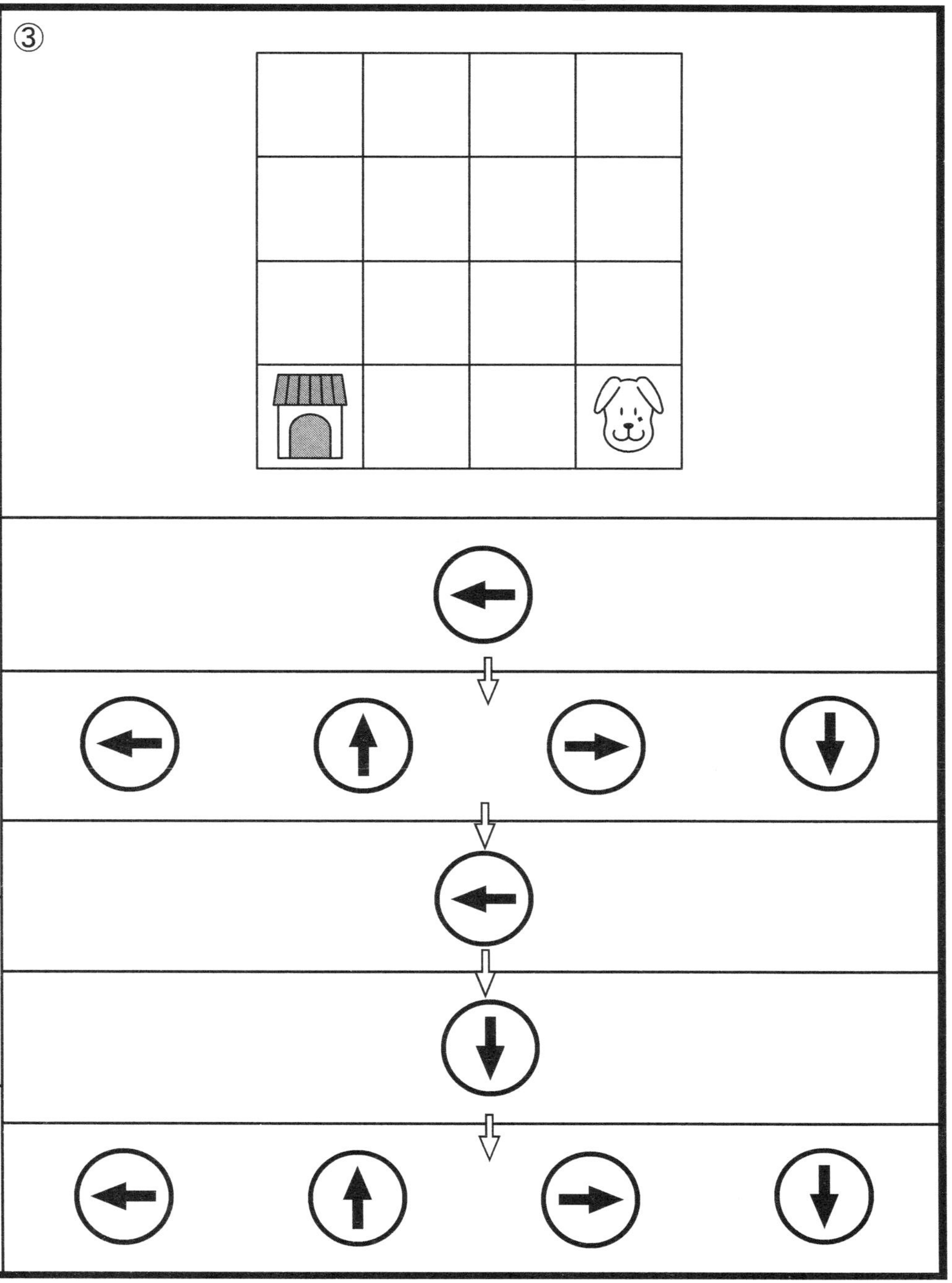

☆安田学園安田小学校

2024 年度　広島県版　私立小学校　過去　無断複製／転載を禁ずる　日本学習図書株式会社

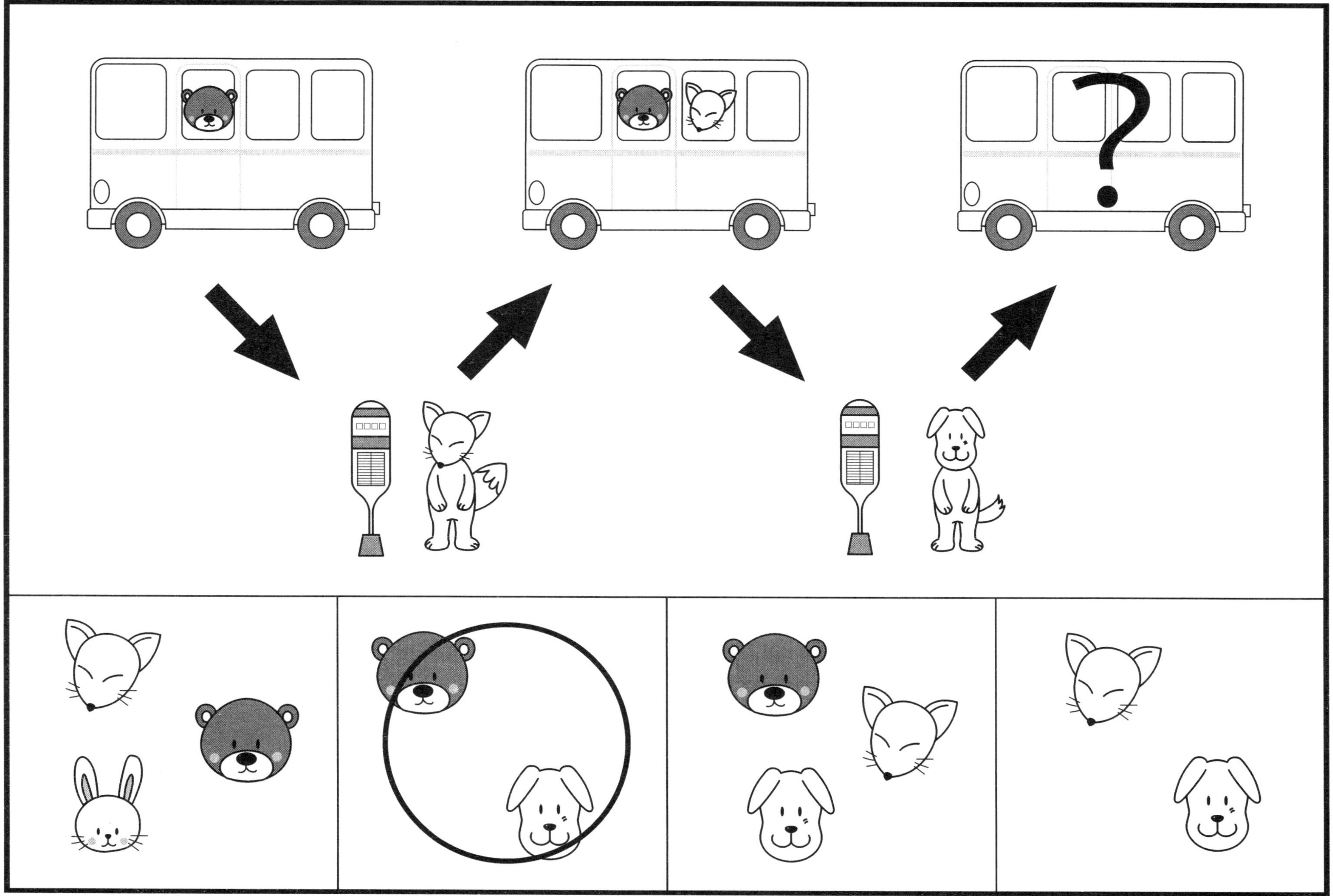

☆安田学園安田小学校

# 問題8－2

①

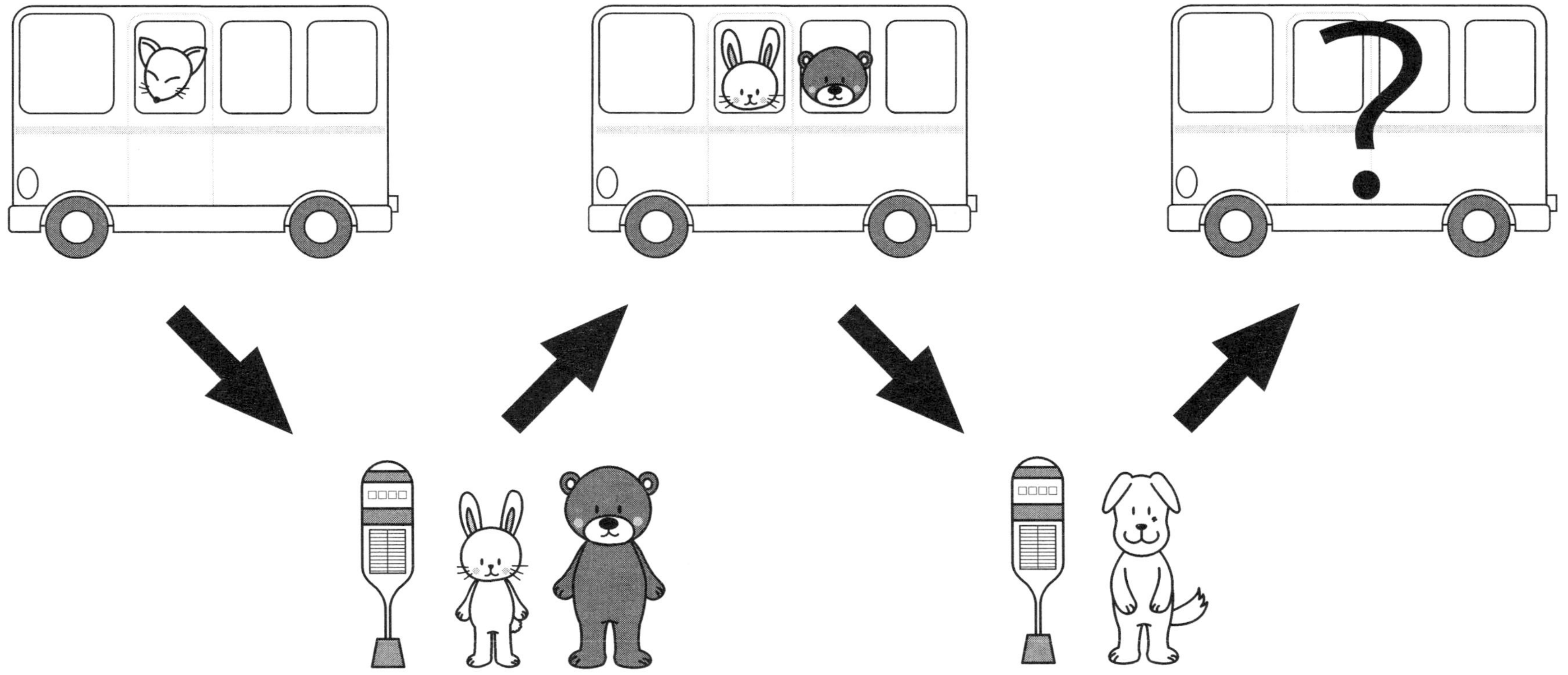

②

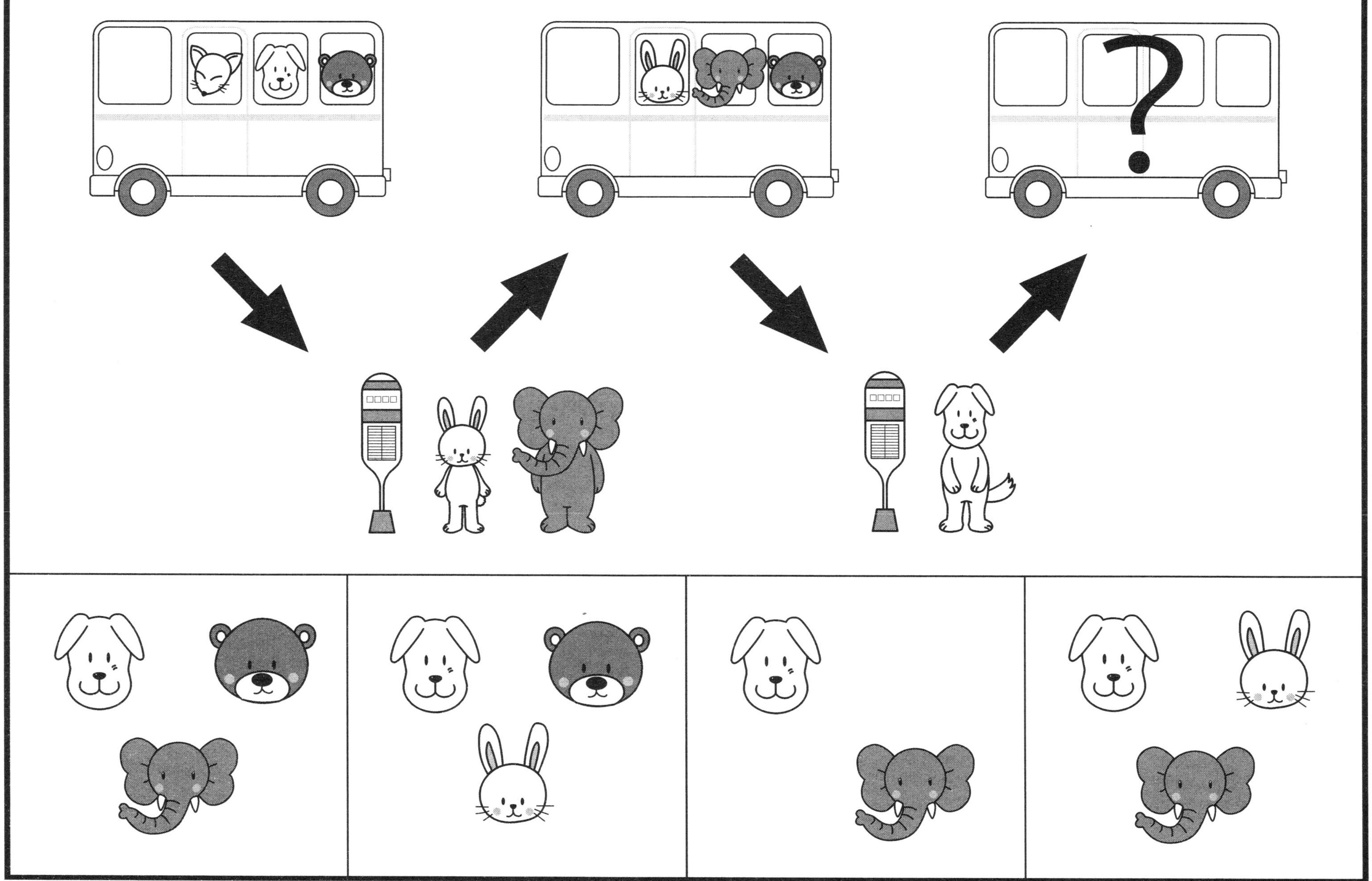

①

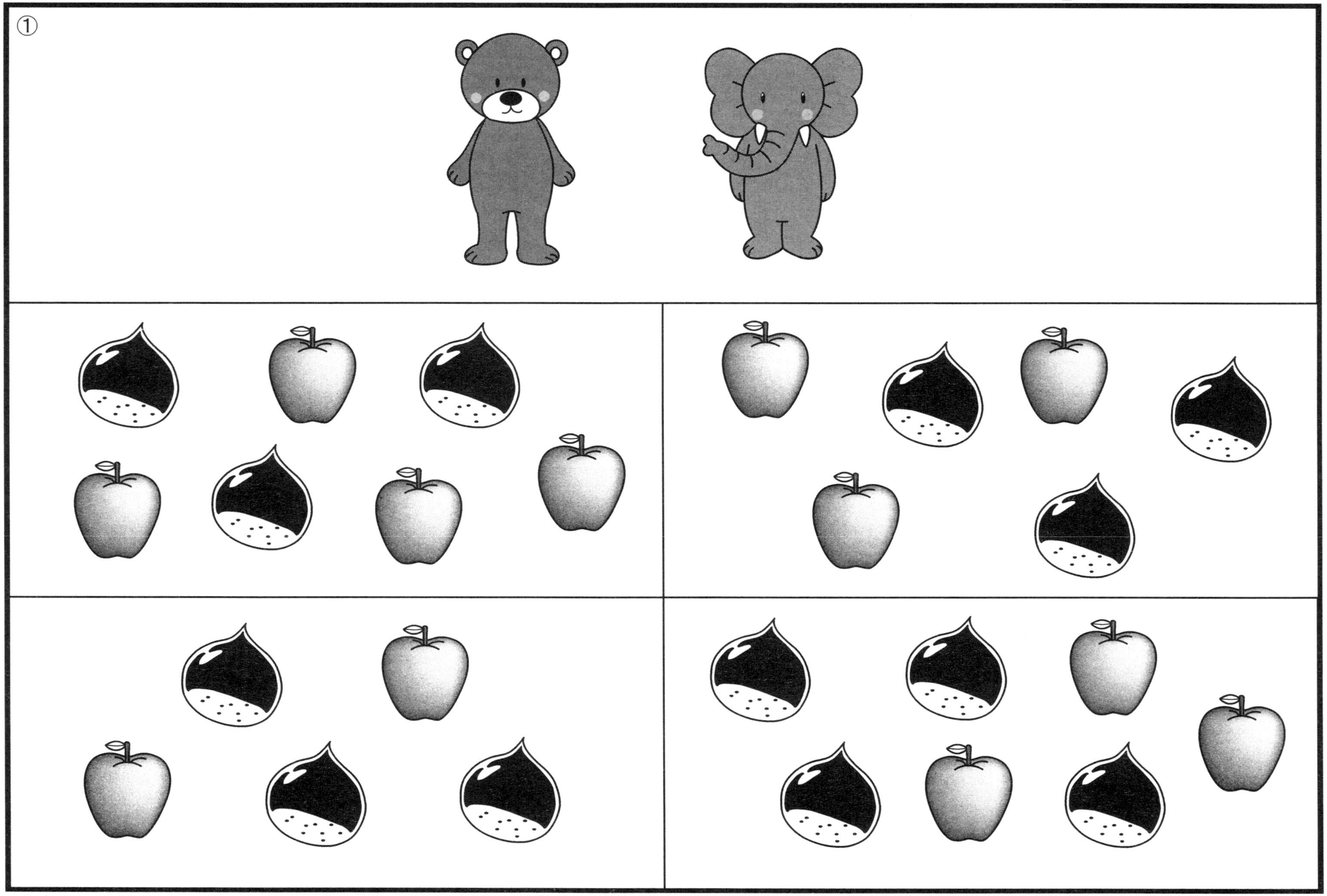

☆安田学園安田小学校

# 問題 9 − 2

②

日本学習図書株式会社

①

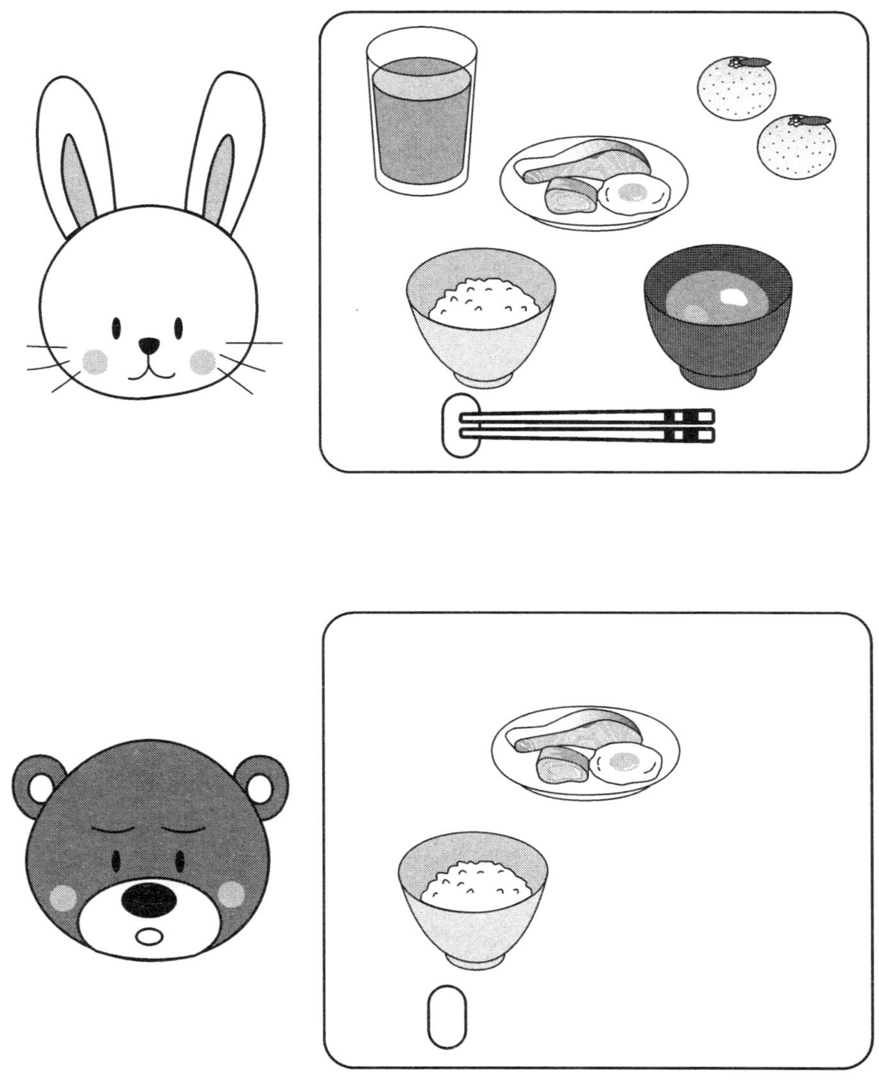

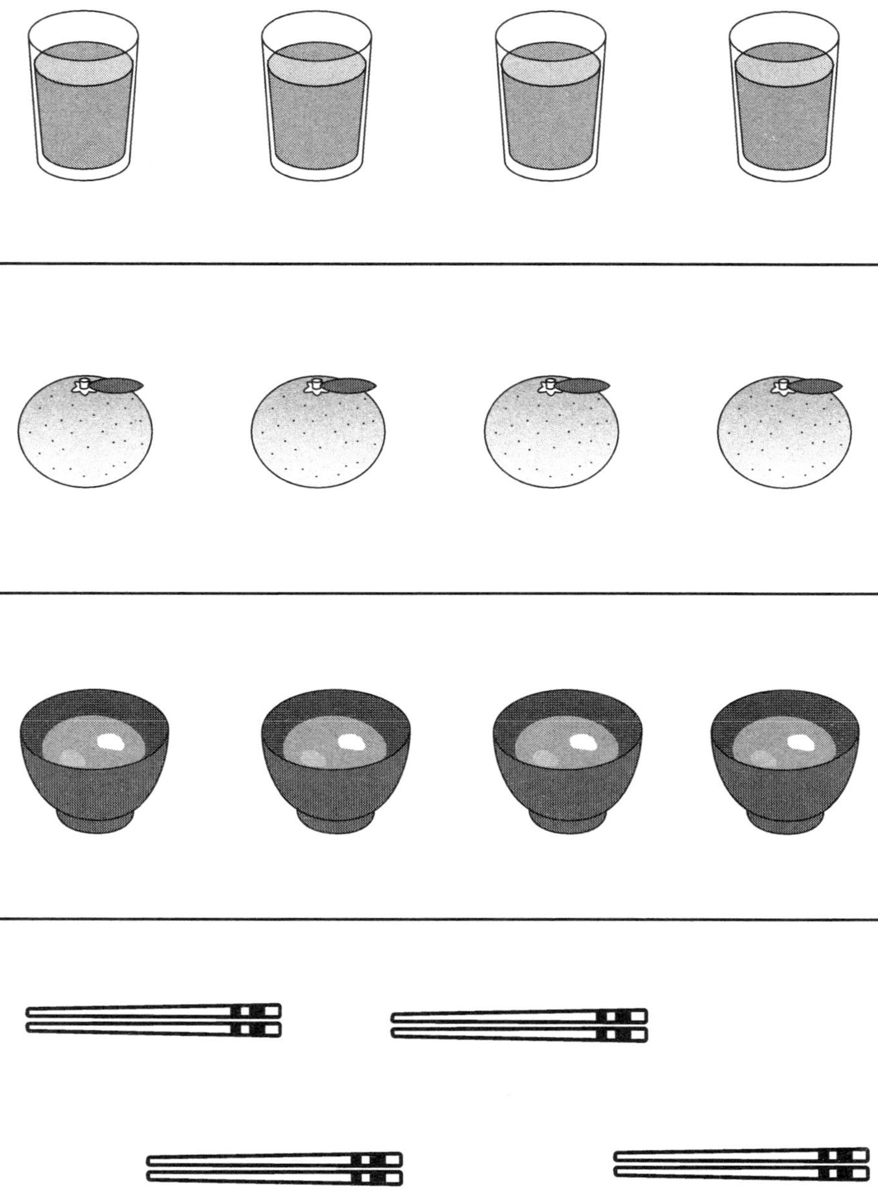

# 問題１０－２

②

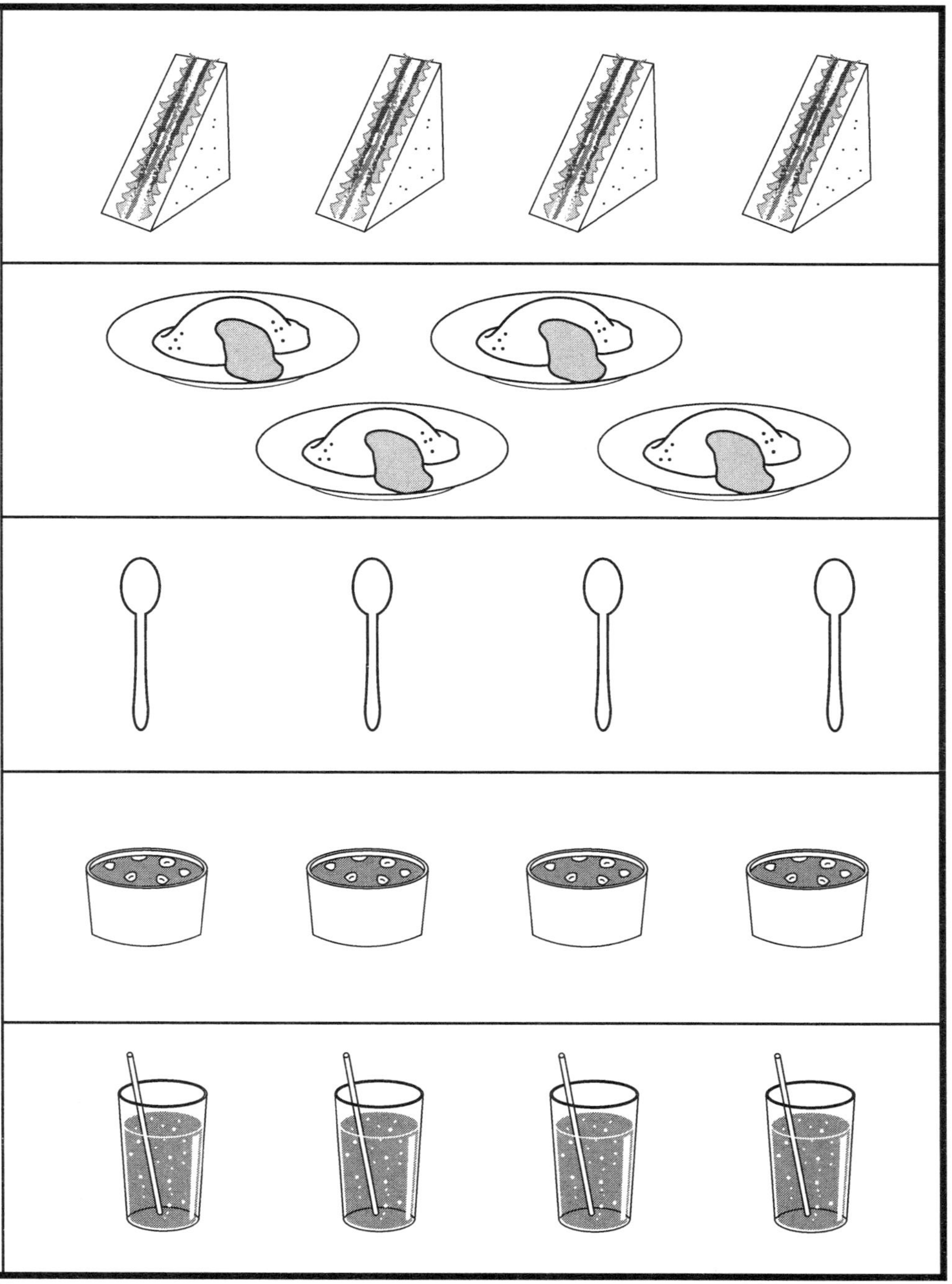

　



日本学習図書株式会社

# 問題11

★お手本

★ お手本

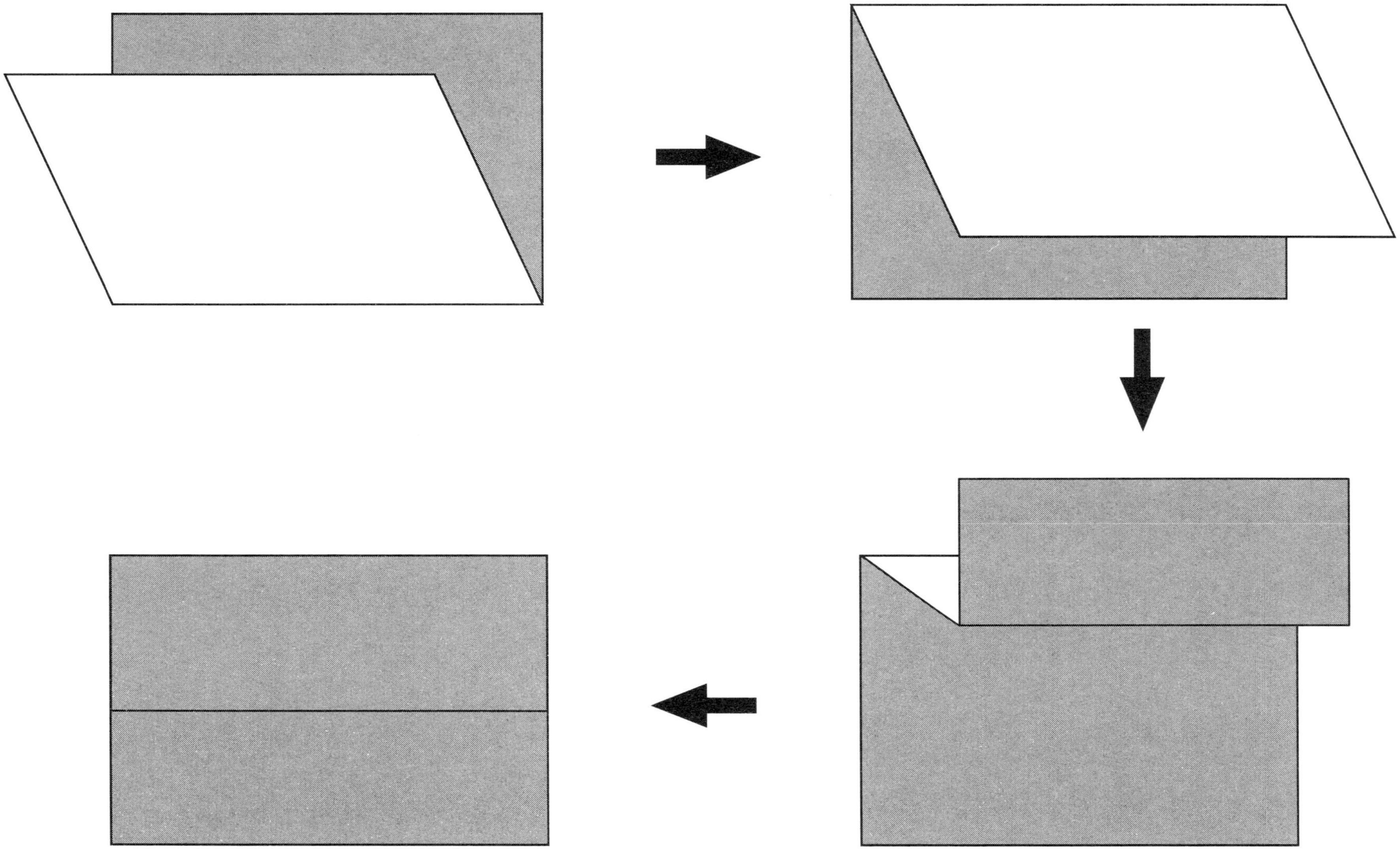

☆安田学園安田小学校

# 問題14－1

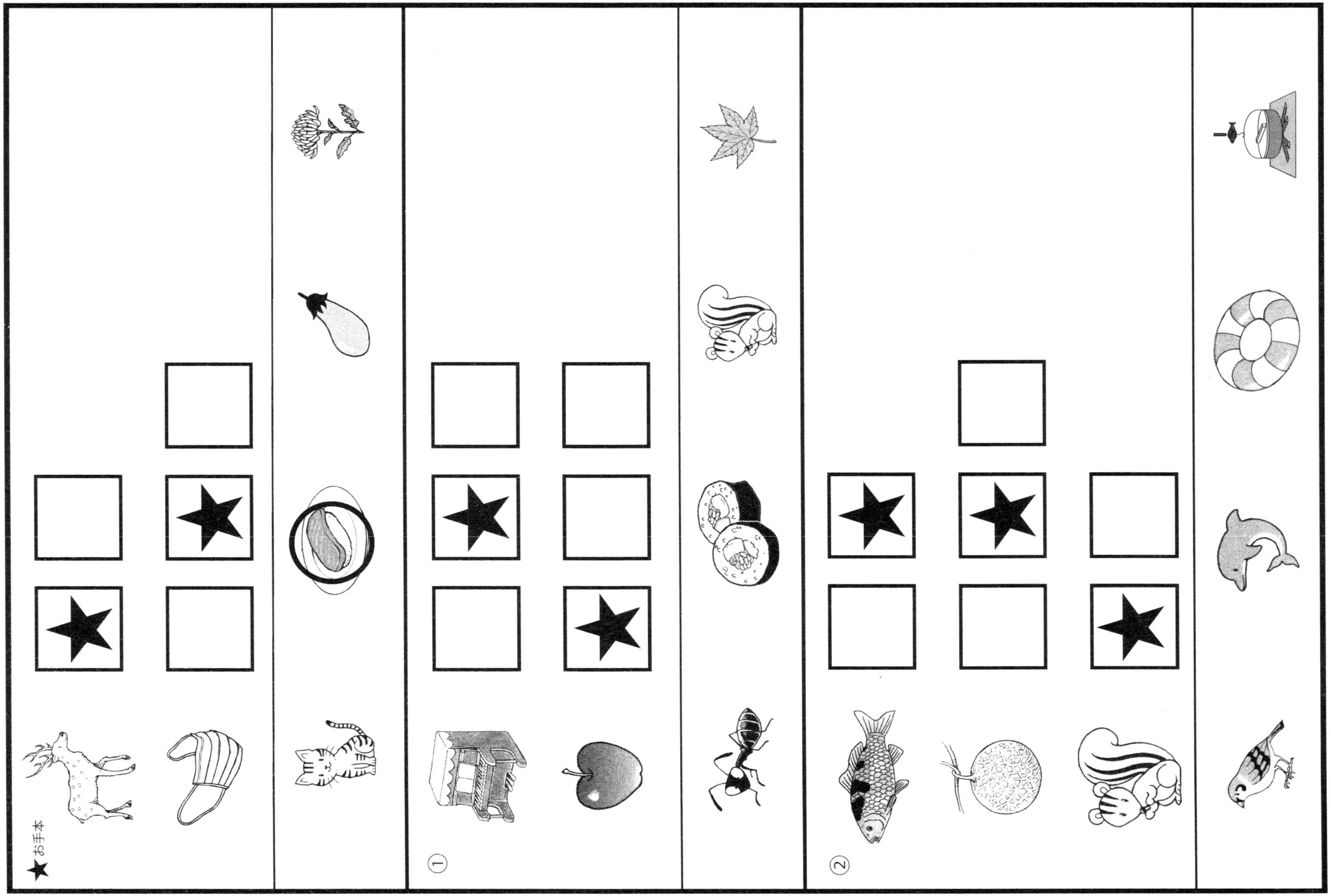

# 問題１４－２

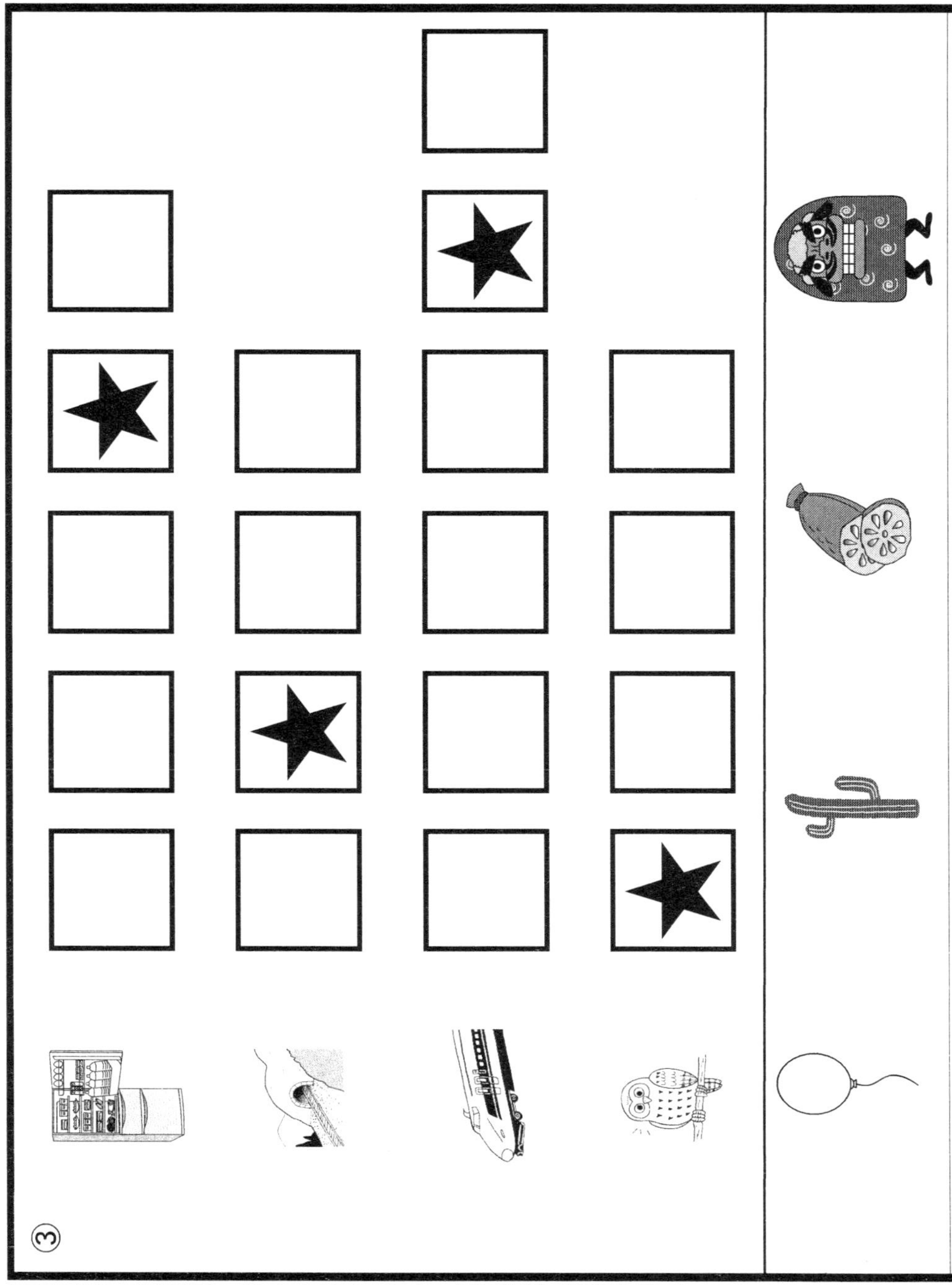


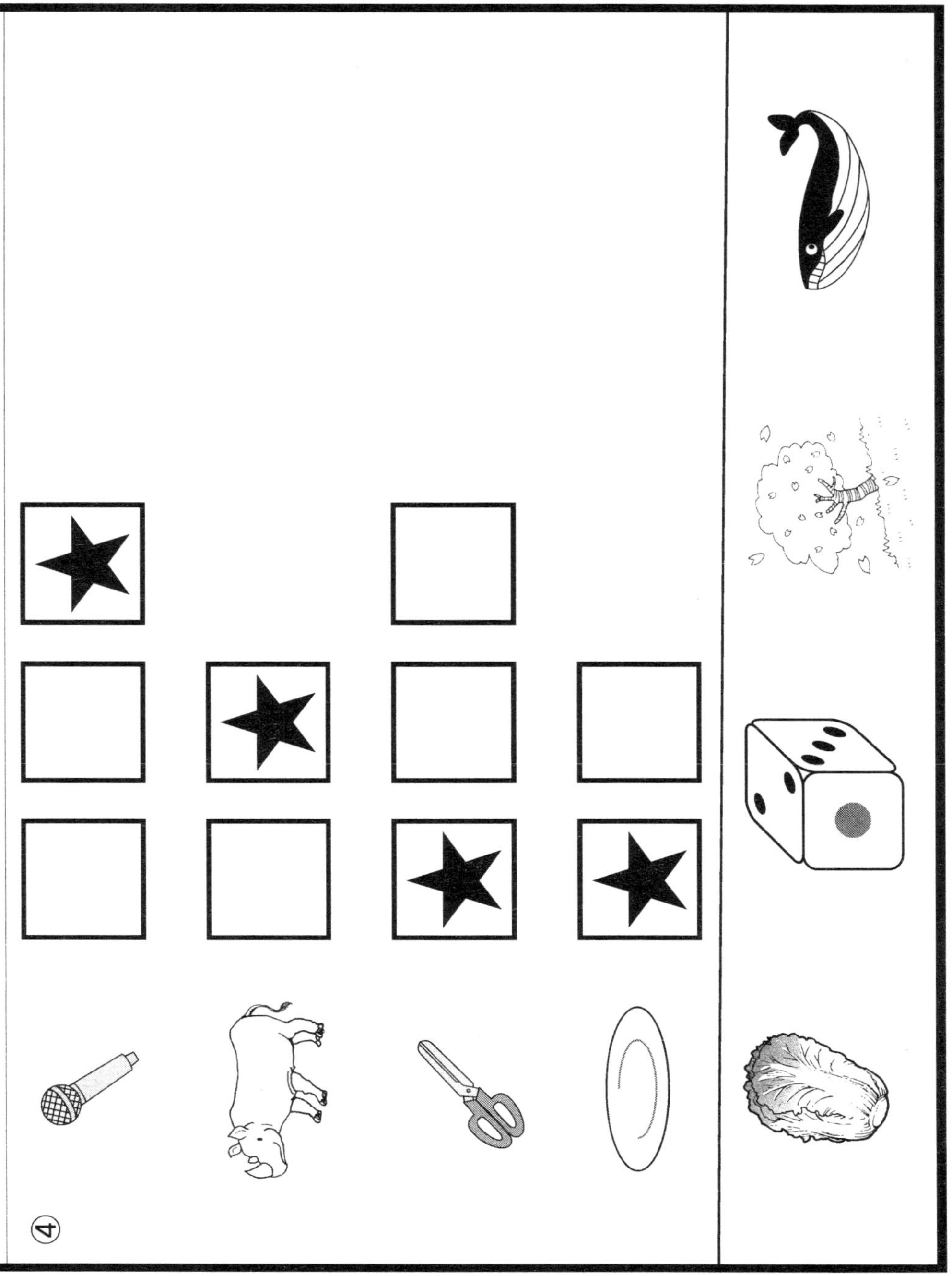

☆安田学園安田小学校

# 問題14－3

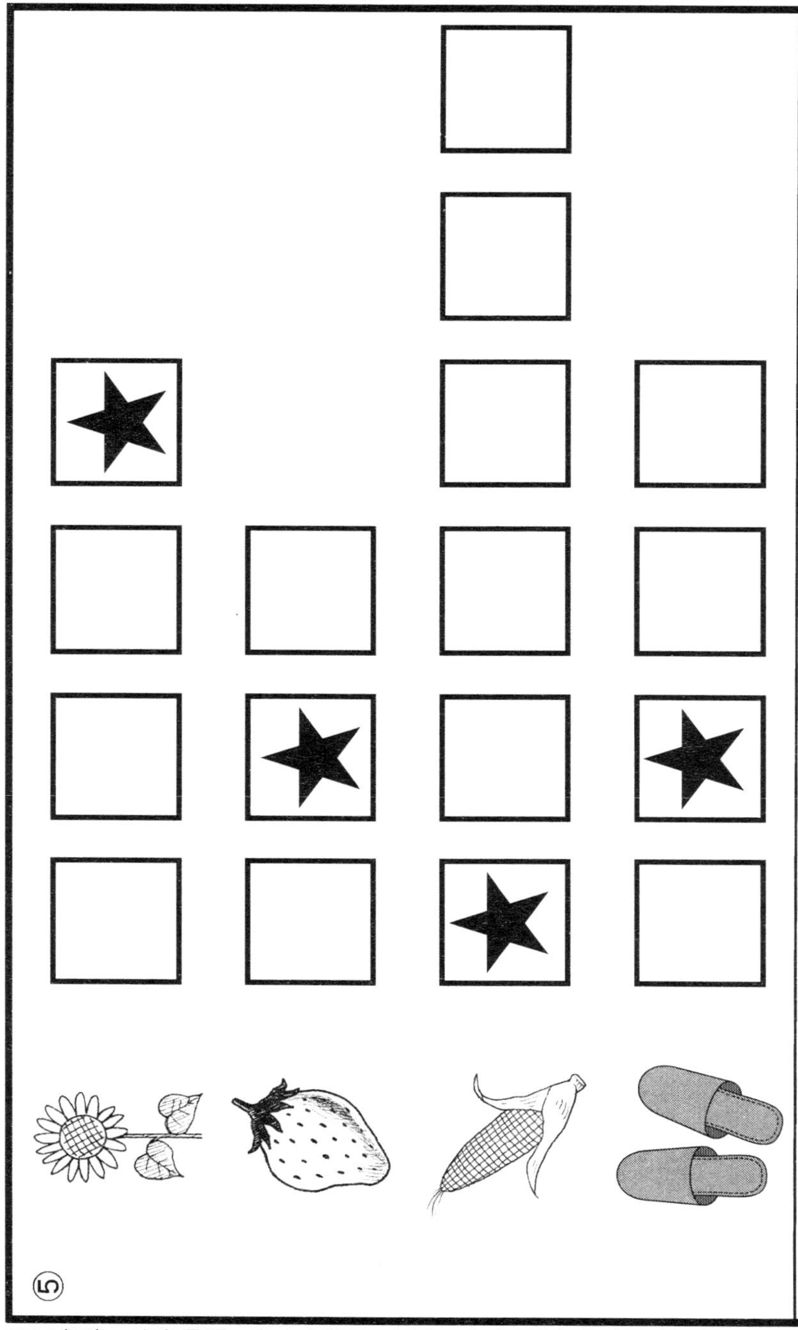

⑤

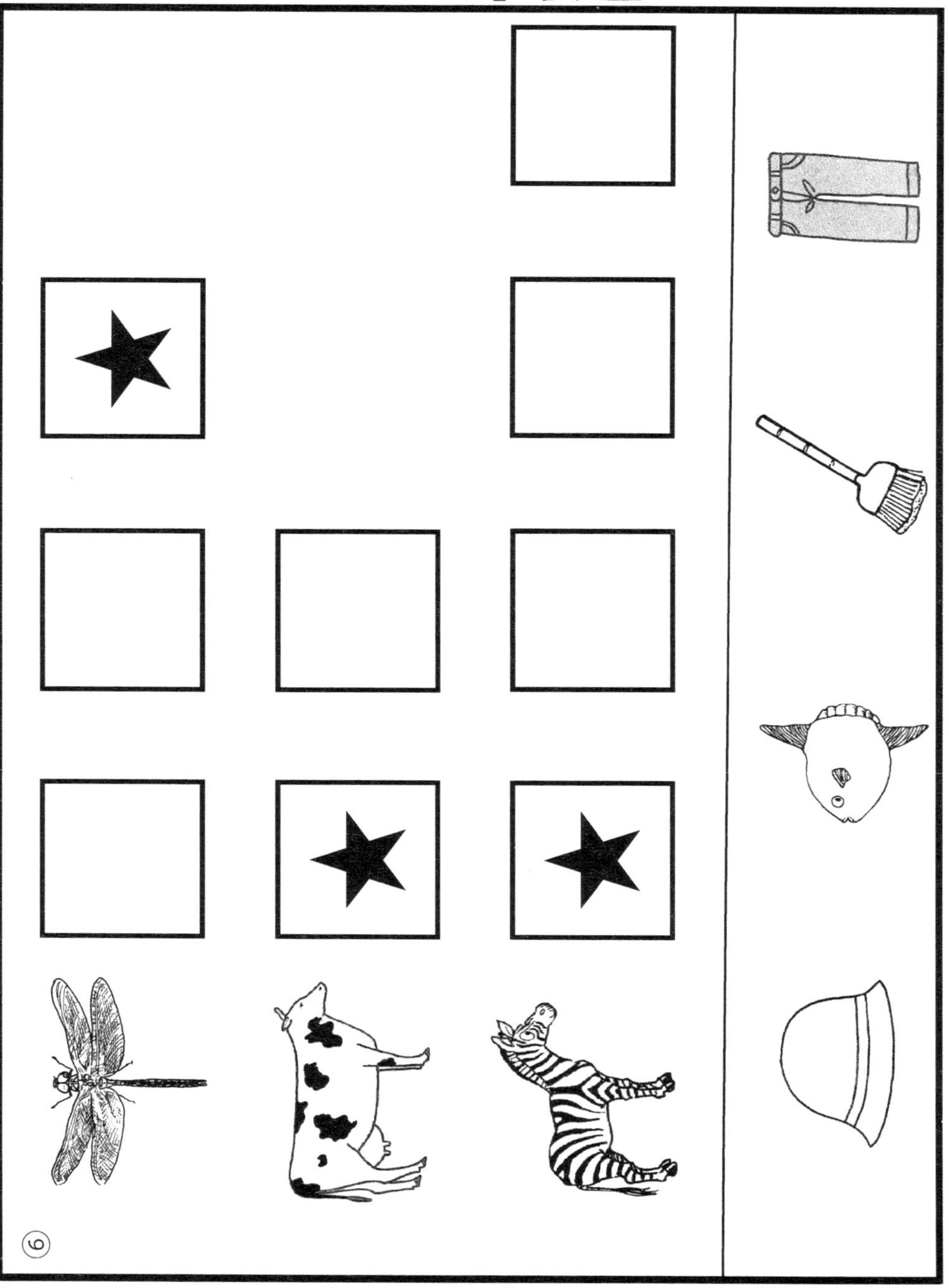

⑥

☆安田学園安田小学校

# 問題１５

①

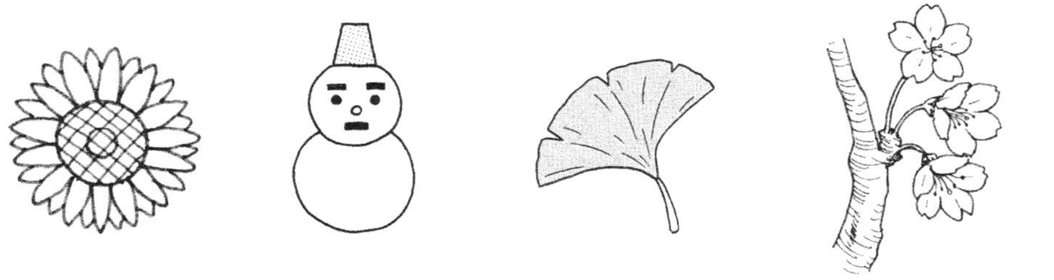

②

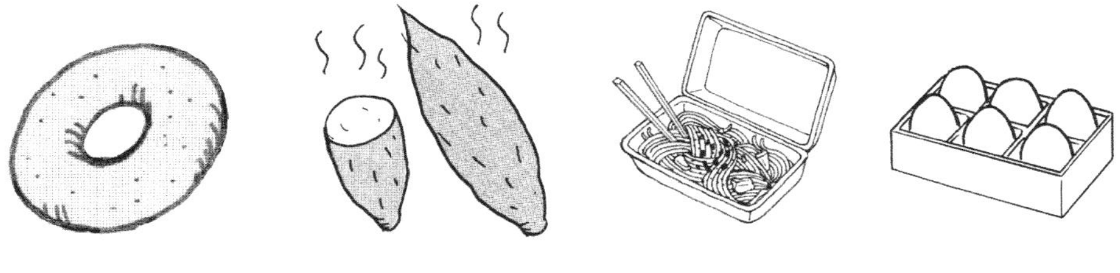

③

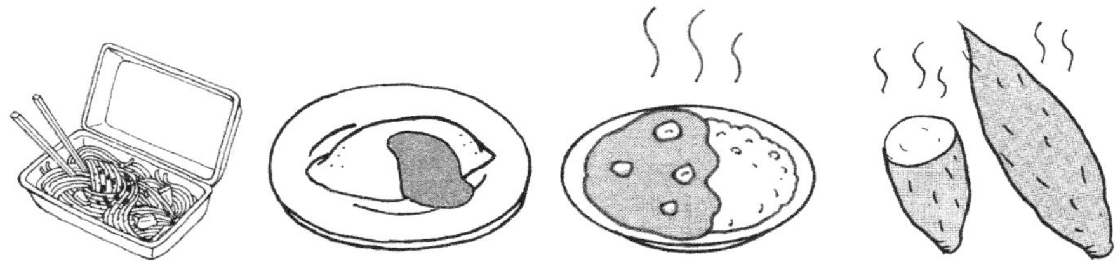

④

⑤

⑥

⑦

⑧

☆安田学園安田小学校

# 問題16－1

★お手本

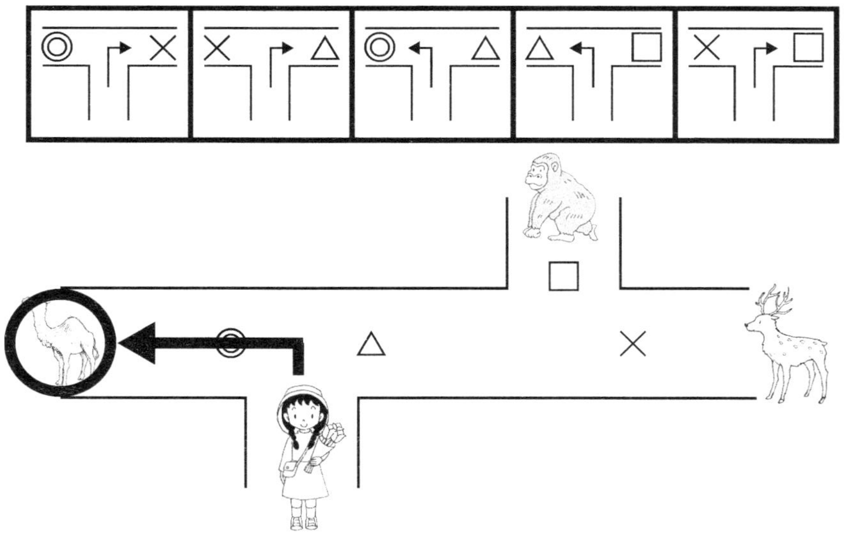

②

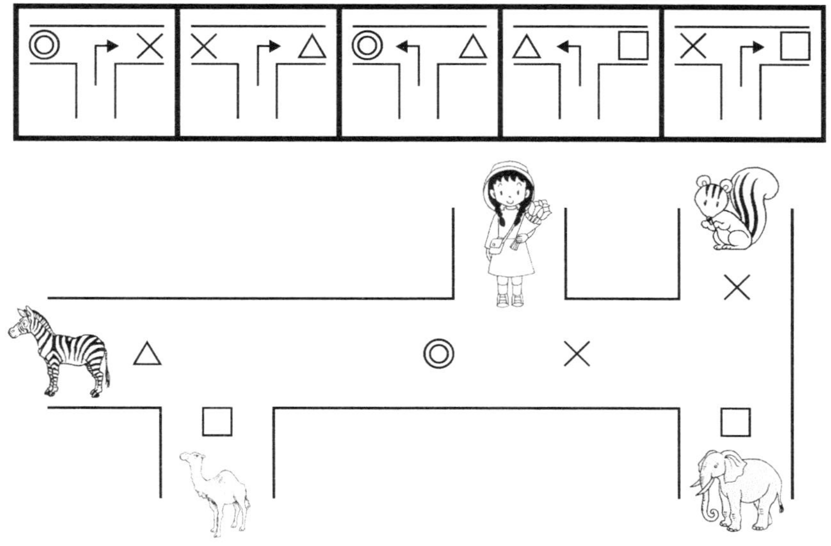

①

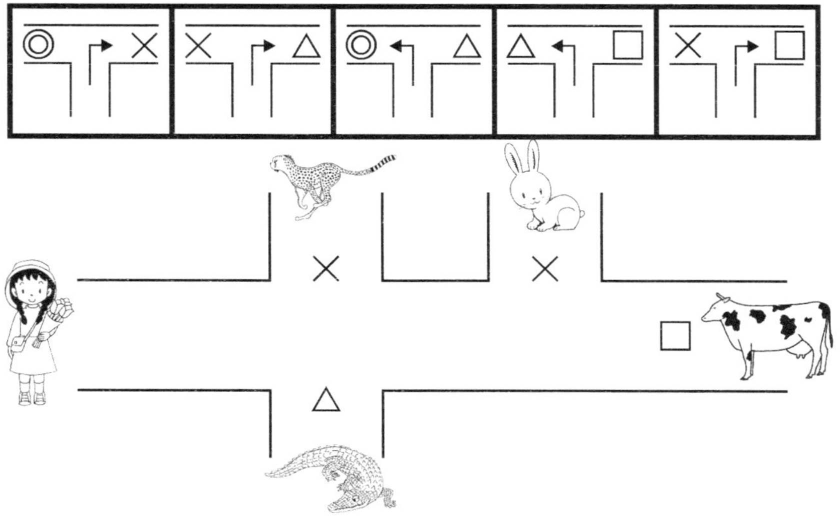

③

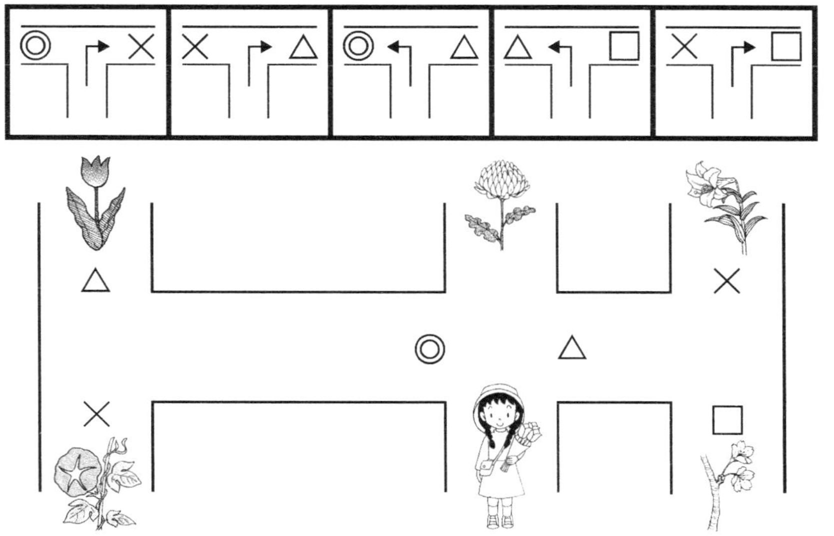

④

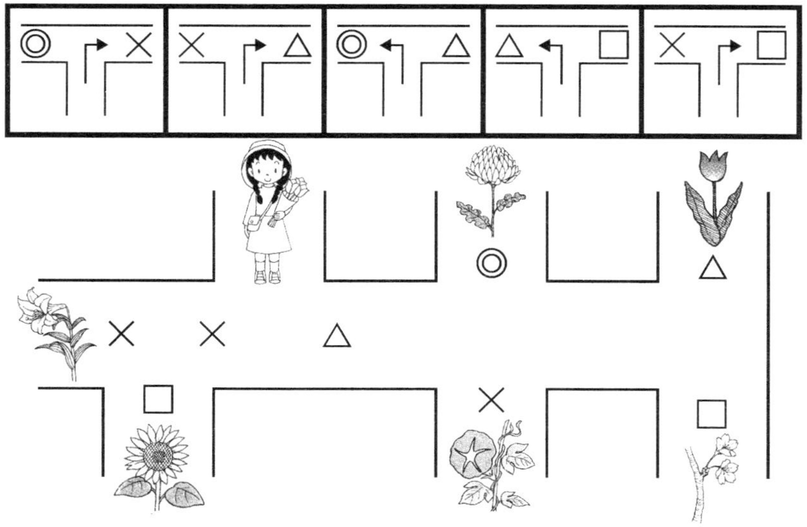

⑤

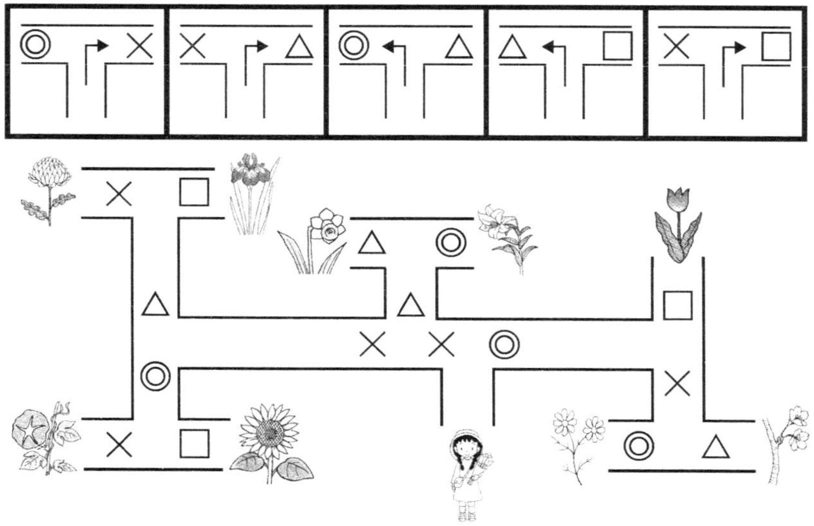

⑥

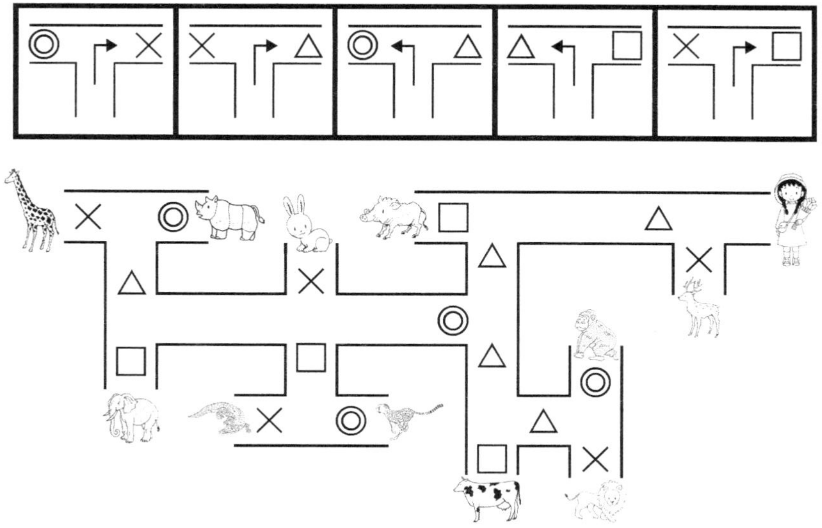

⑦

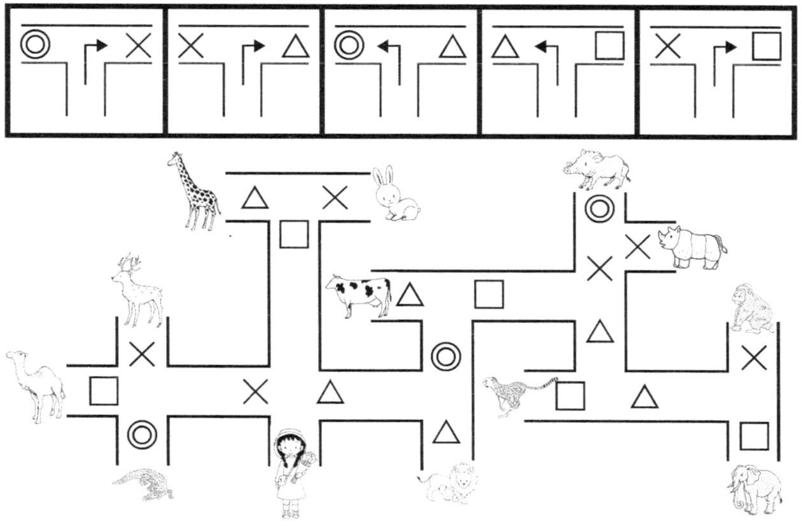

問題 17 − 1

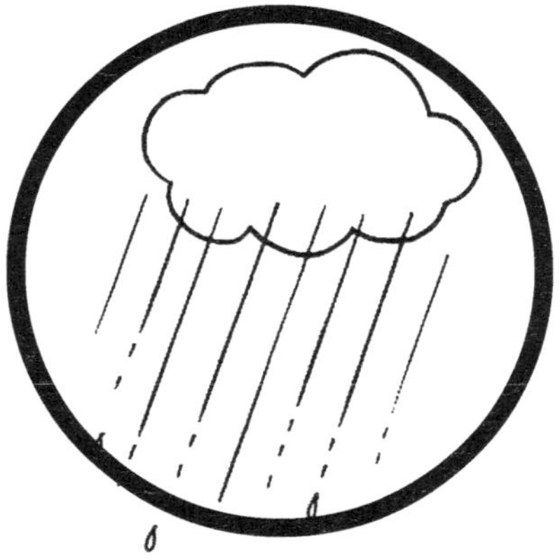

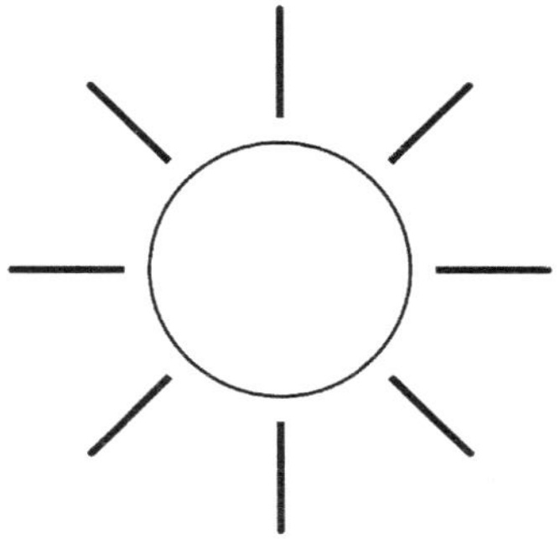

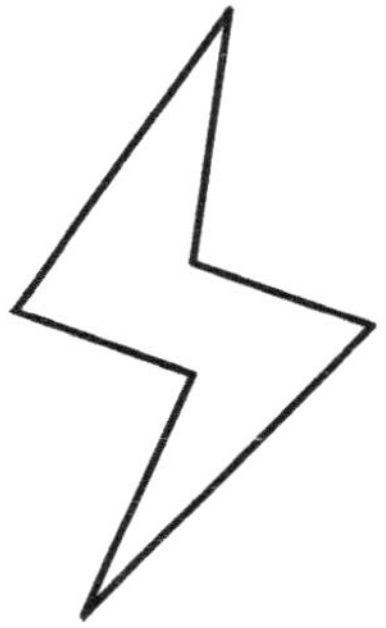

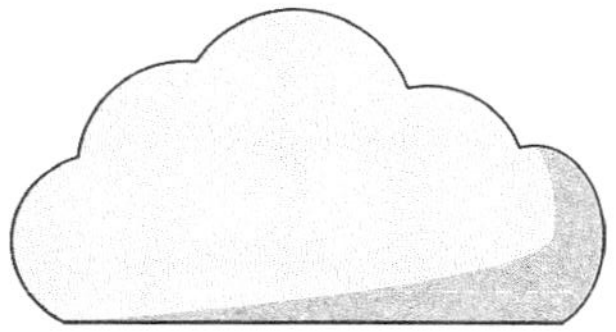

①

②

③

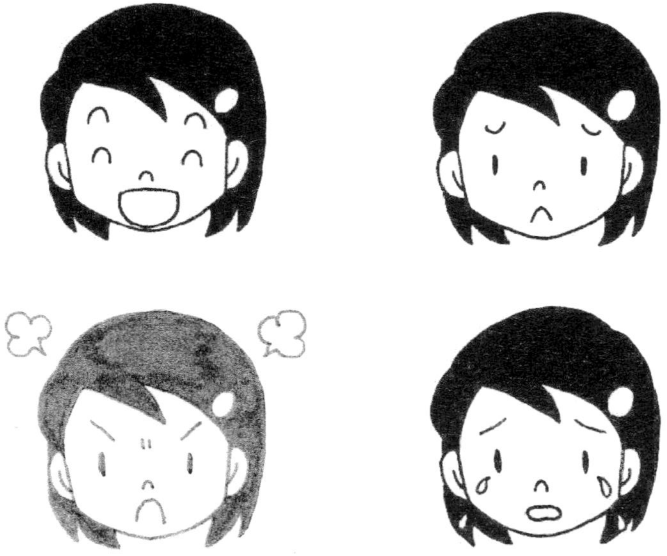

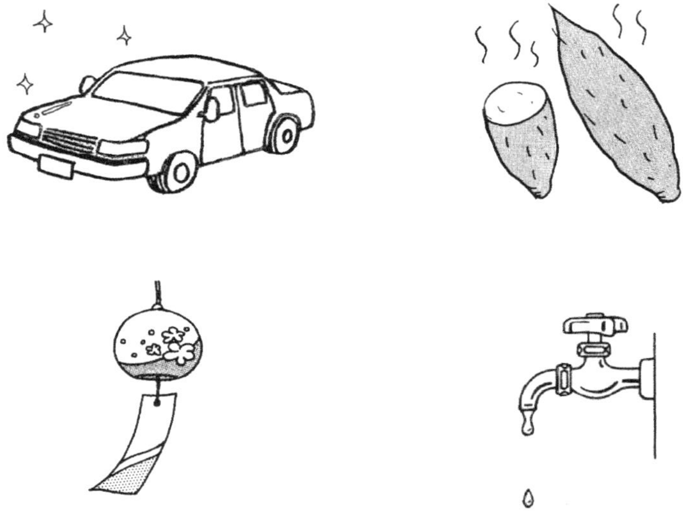

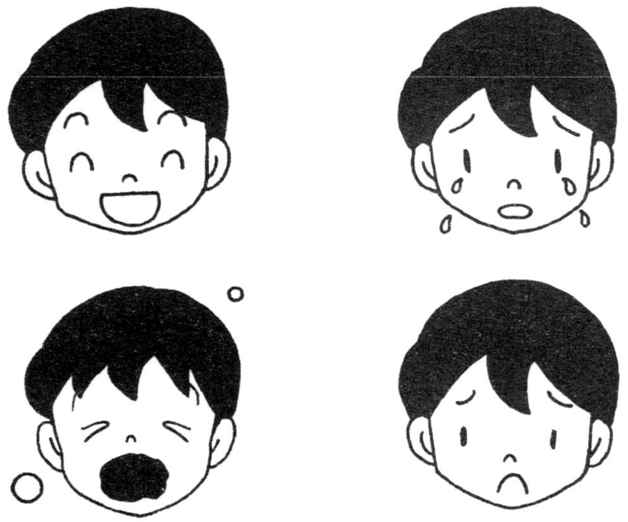

④

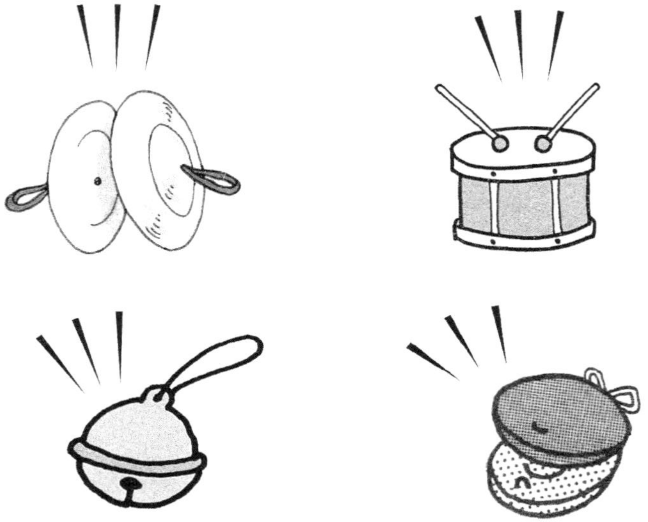

⑤

⑥

⑦

⑧

日本学習図書株式会社

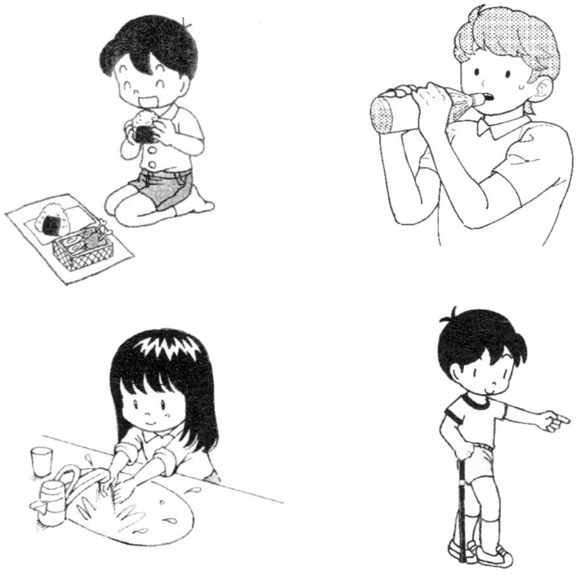

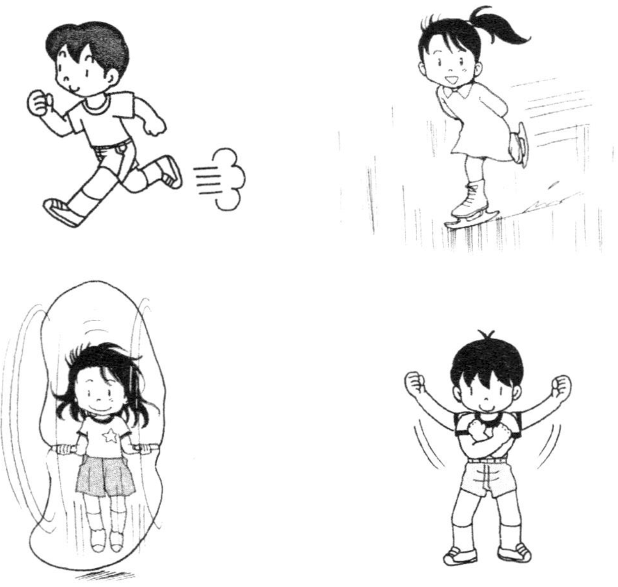

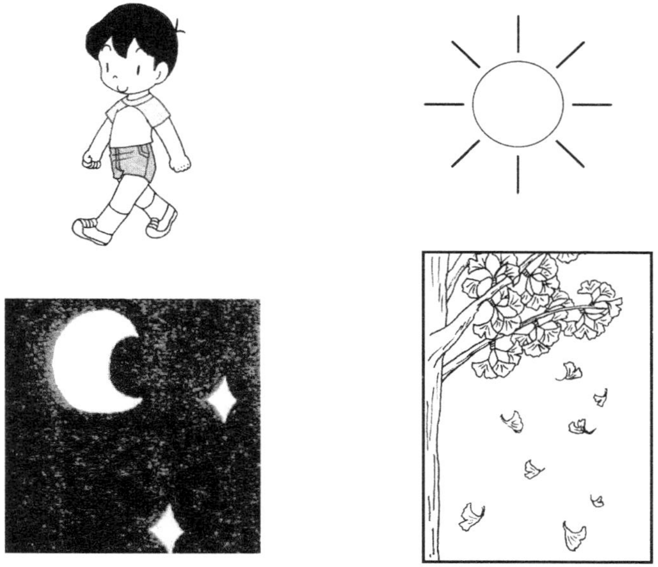

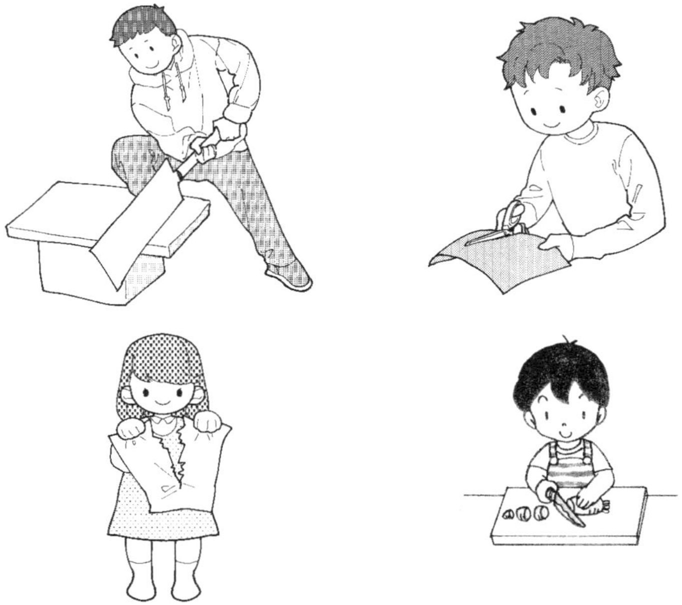

☆安田学園安田小学校

# 問題18－1

★お手本

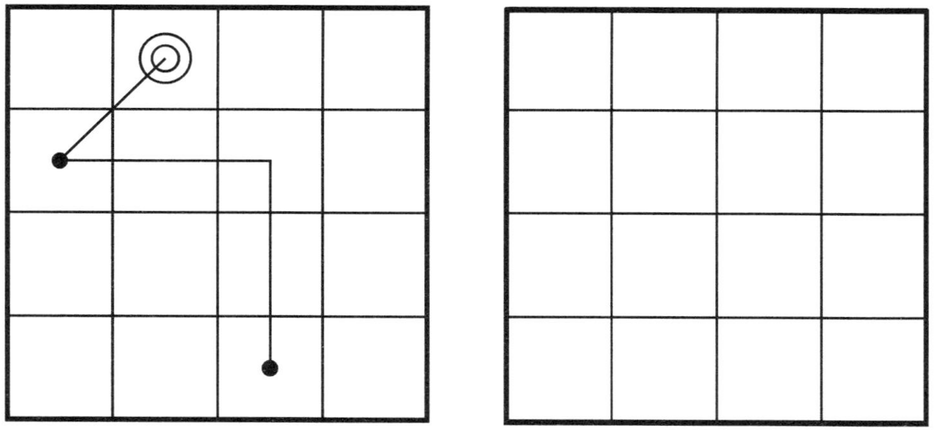

①

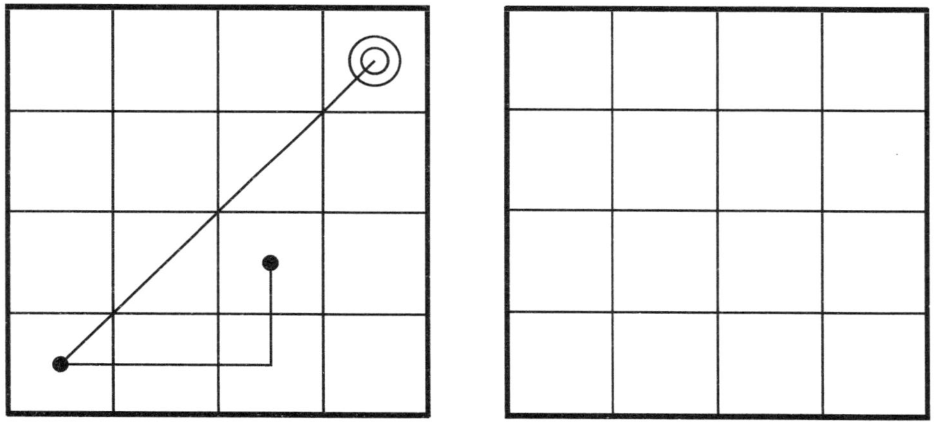

②

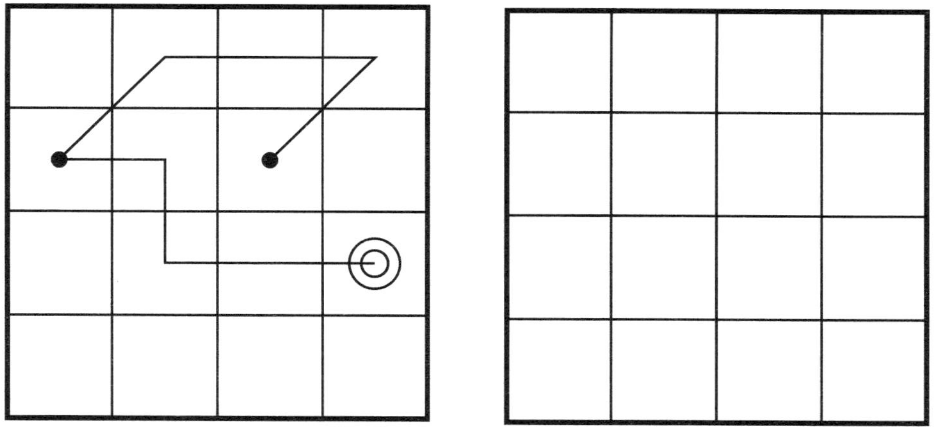

③

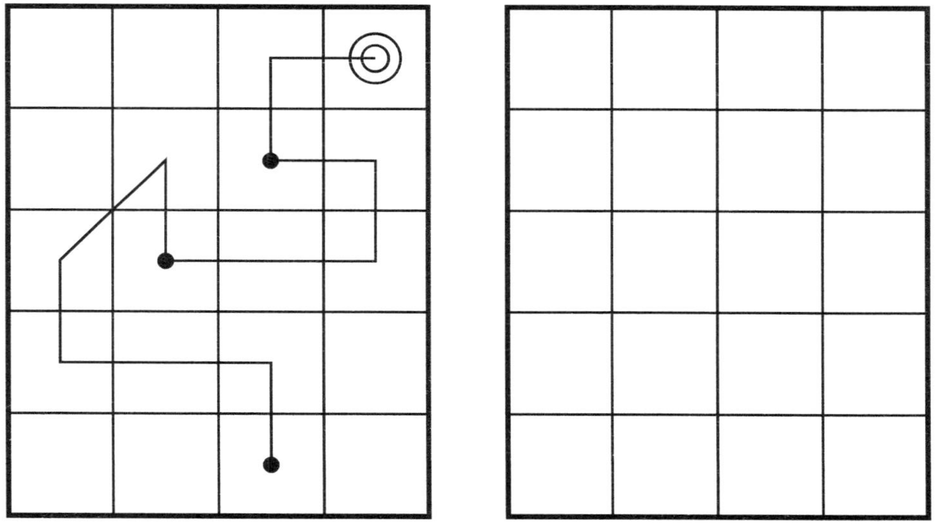

④

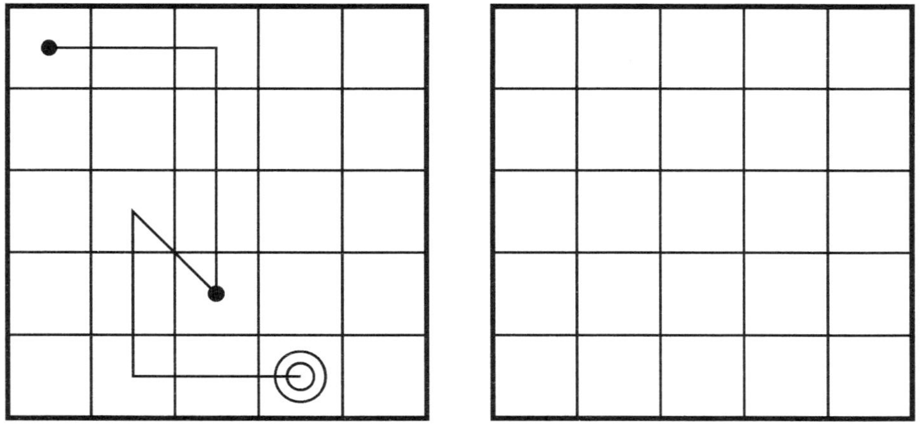

⑤

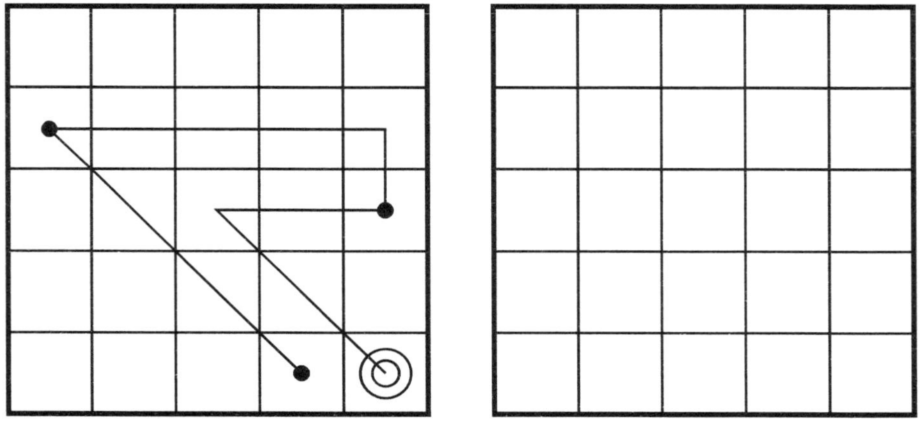

⑥

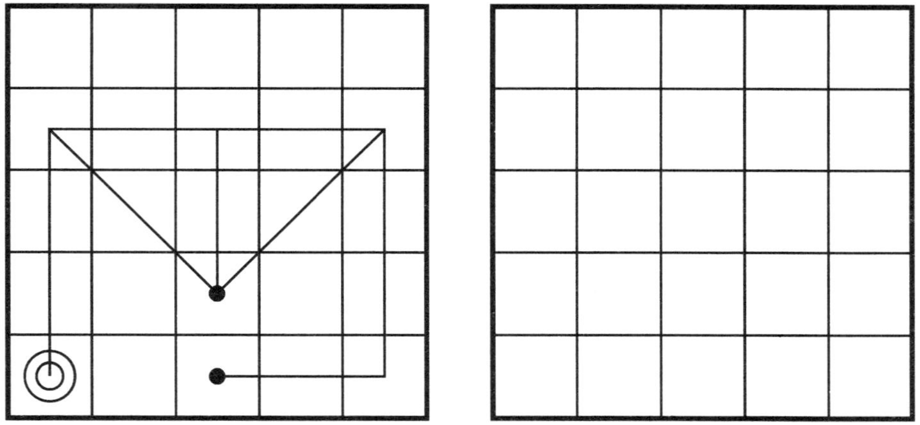

⑦

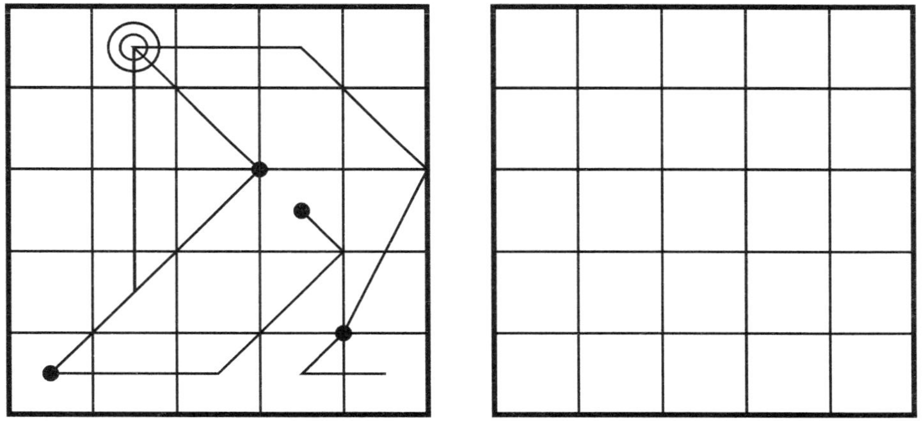

# 問題１９－１

★お手本

②

①

③

日本学習図書株式会社

# 問題１９－２

④

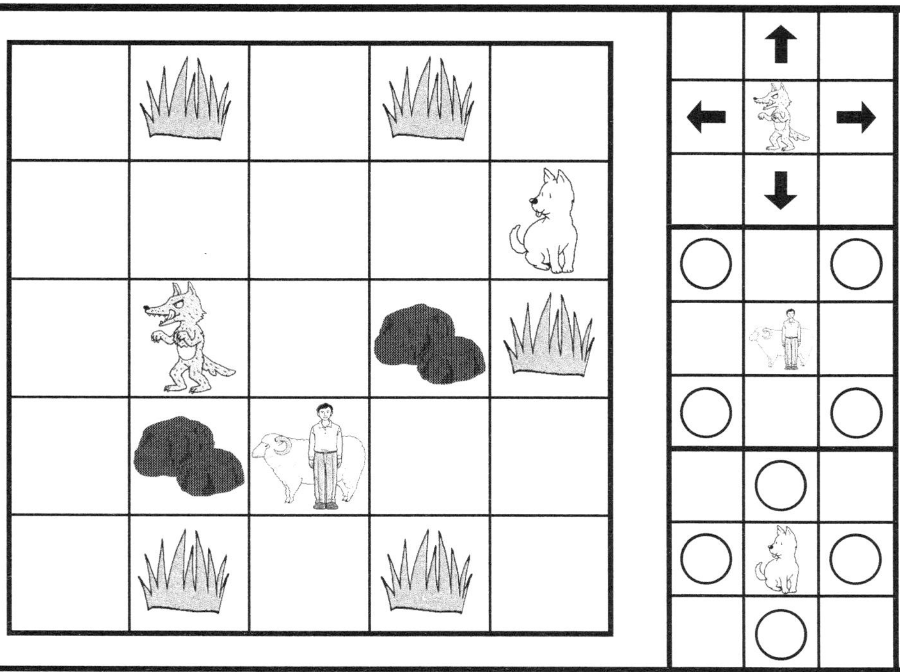

⑥

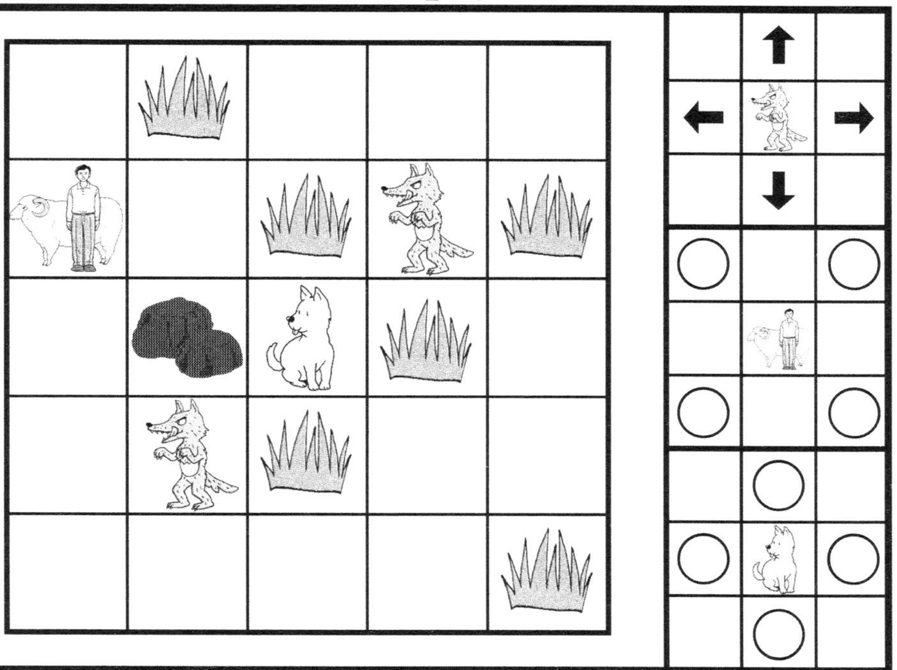

⑤

⑦

日本学習図書株式会社

☆安田学園安田小学校

# 問題２０

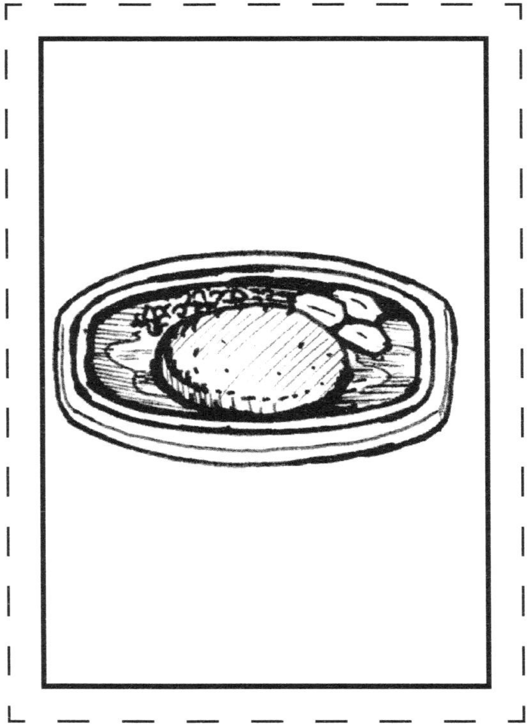

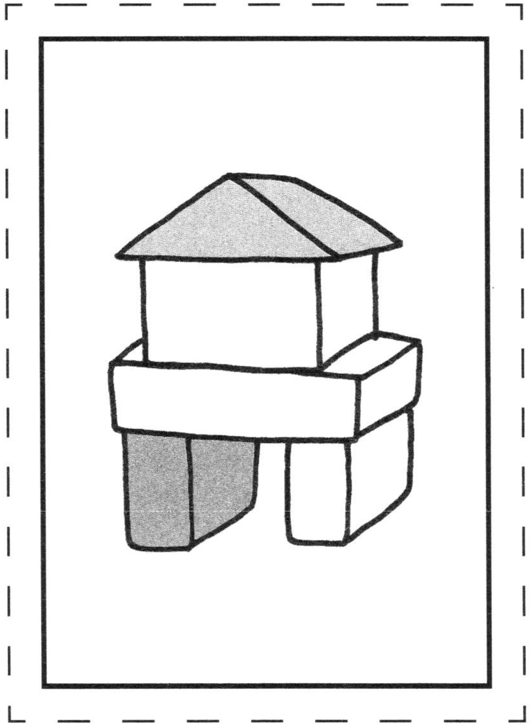

# 問題２２

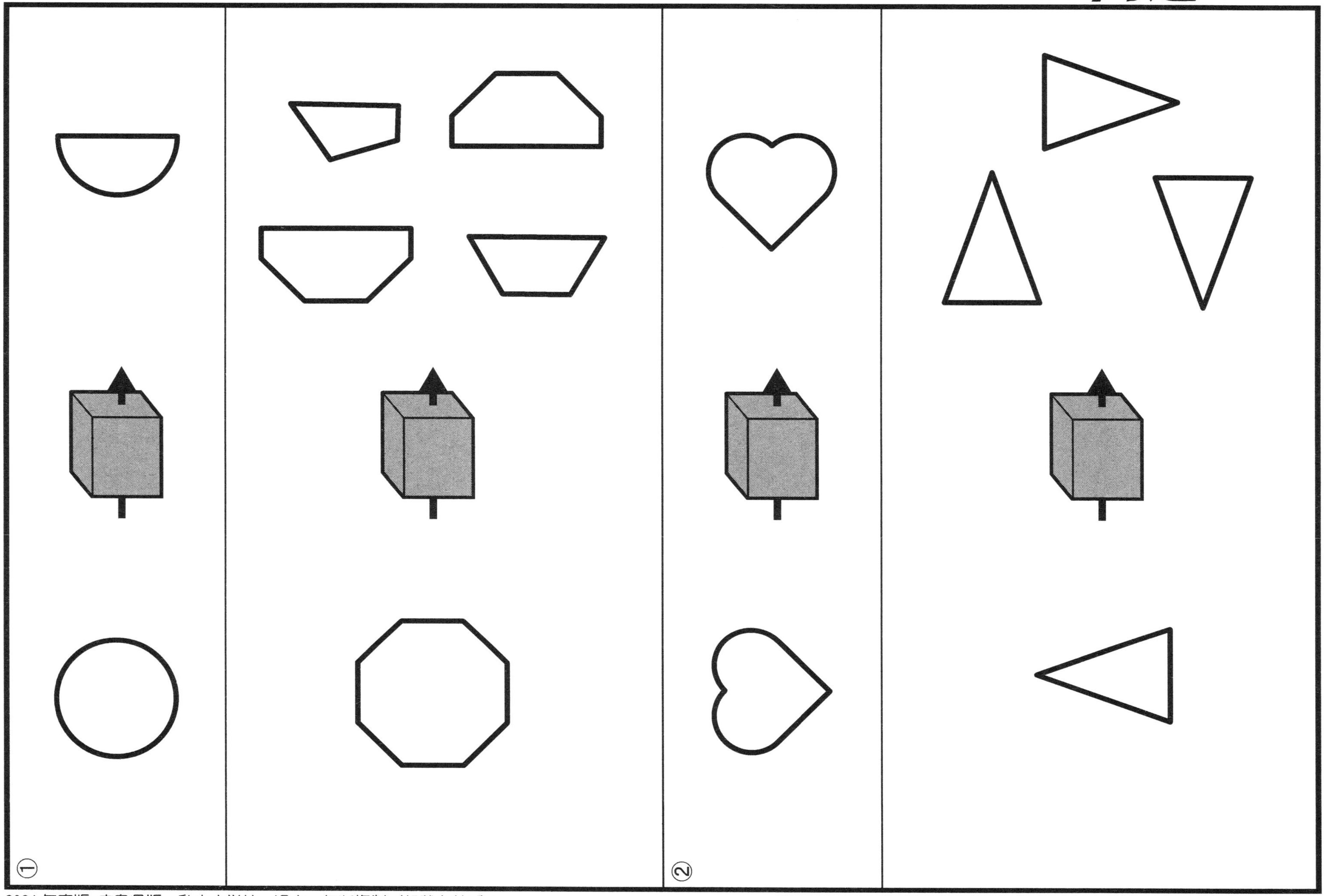

☆なぎさ公園小学校

# 問題２３

①

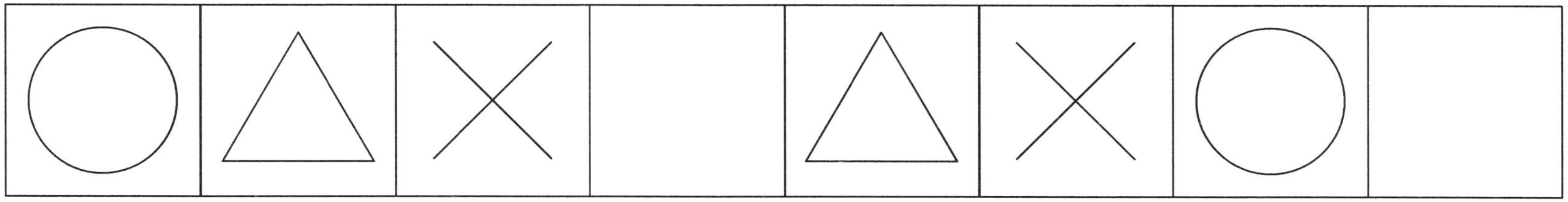

②

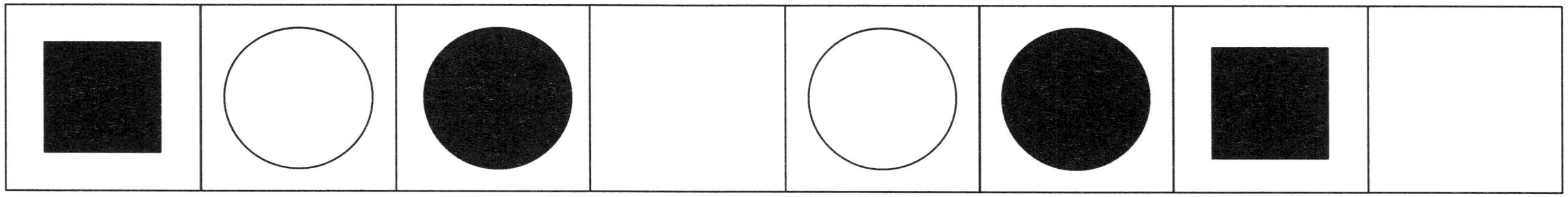

# 問題24－1

★お手本

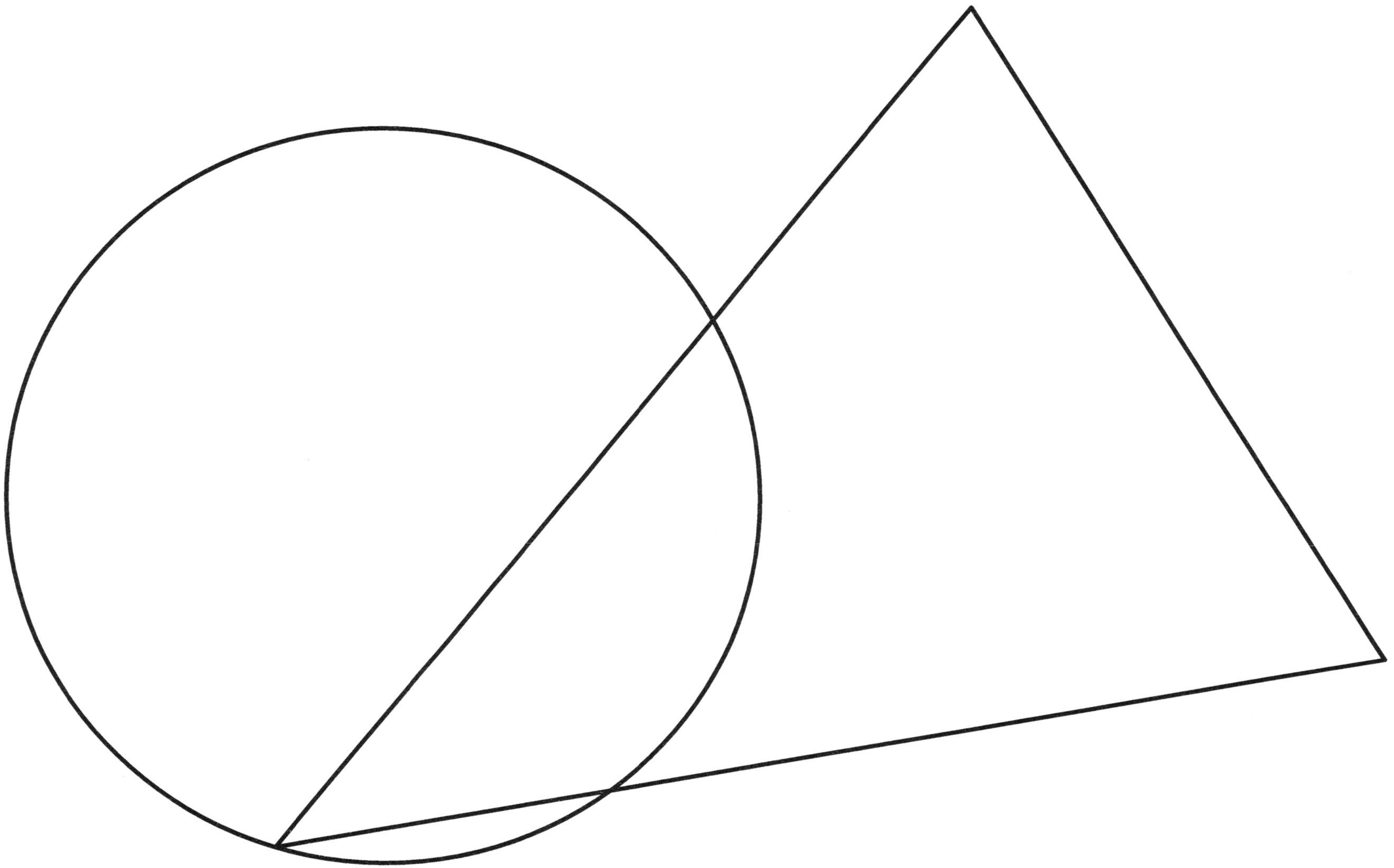

# 問題２４－２

# 問題２５

● ＝志願者　　● ＝先生

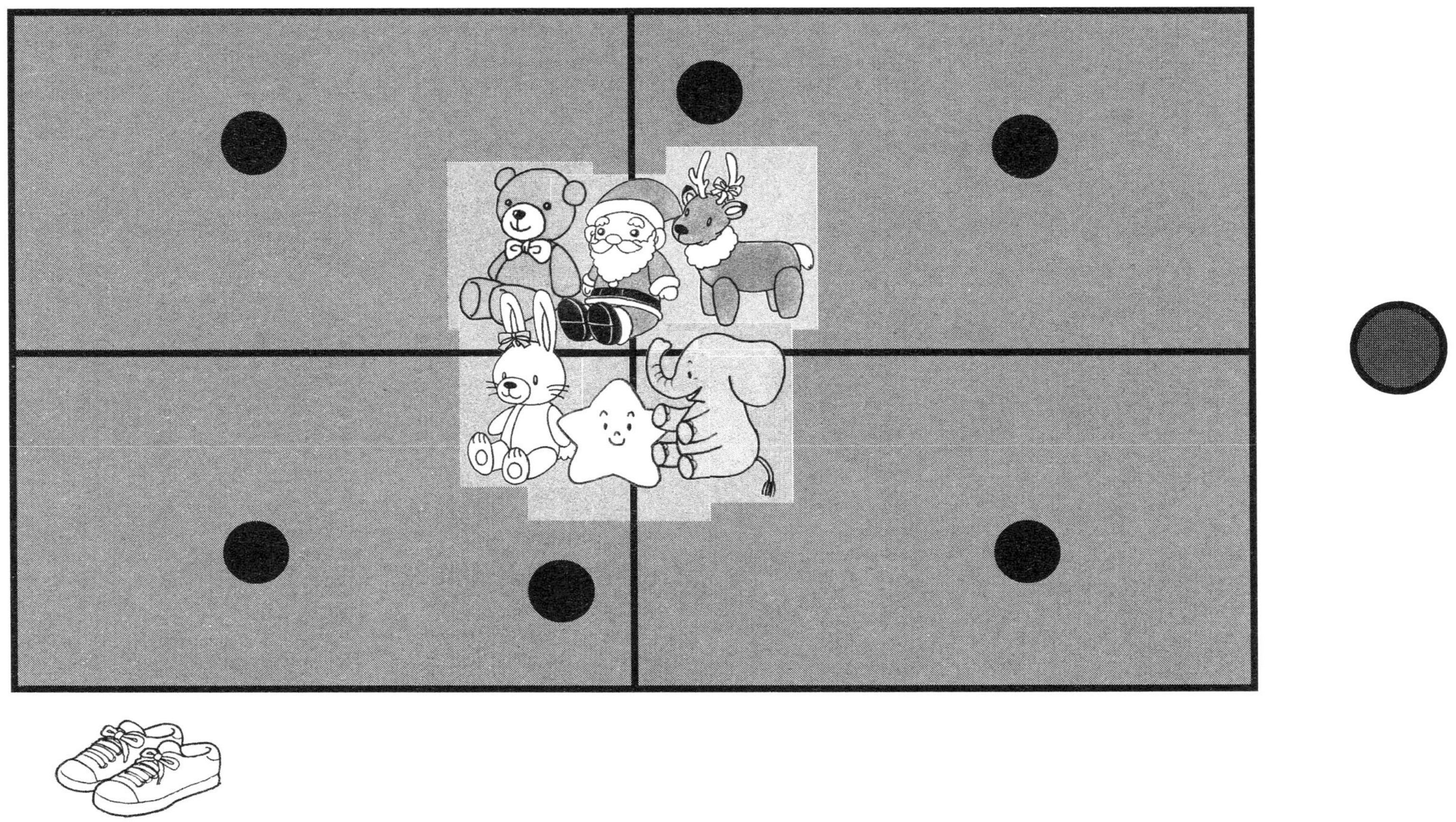

☆なぎさ公園小学校

# 問題27

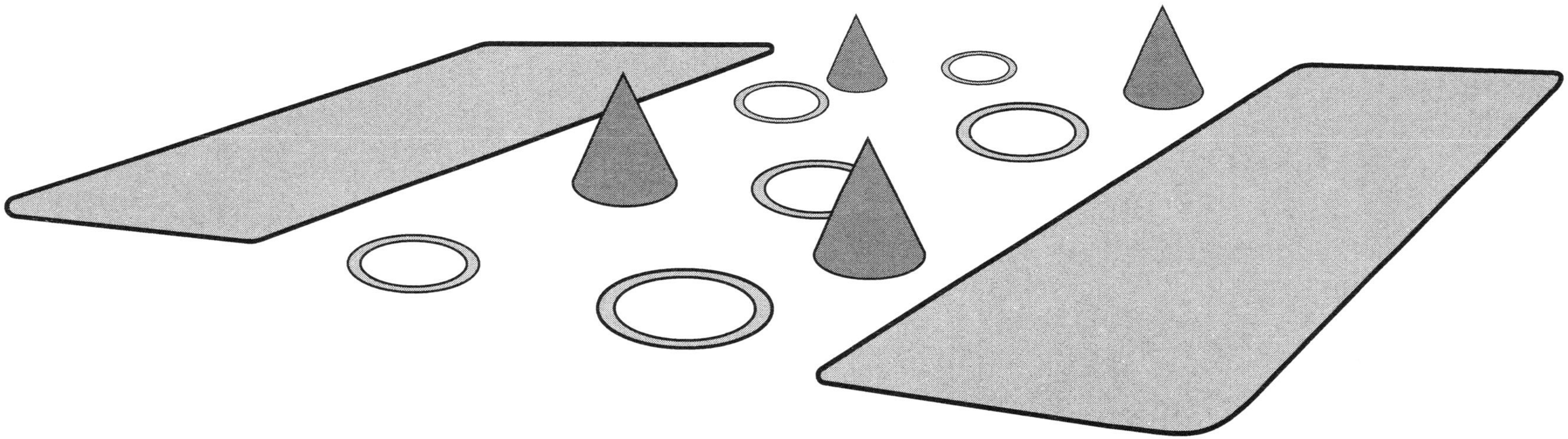





日本学習図書株式会社

# 問題28

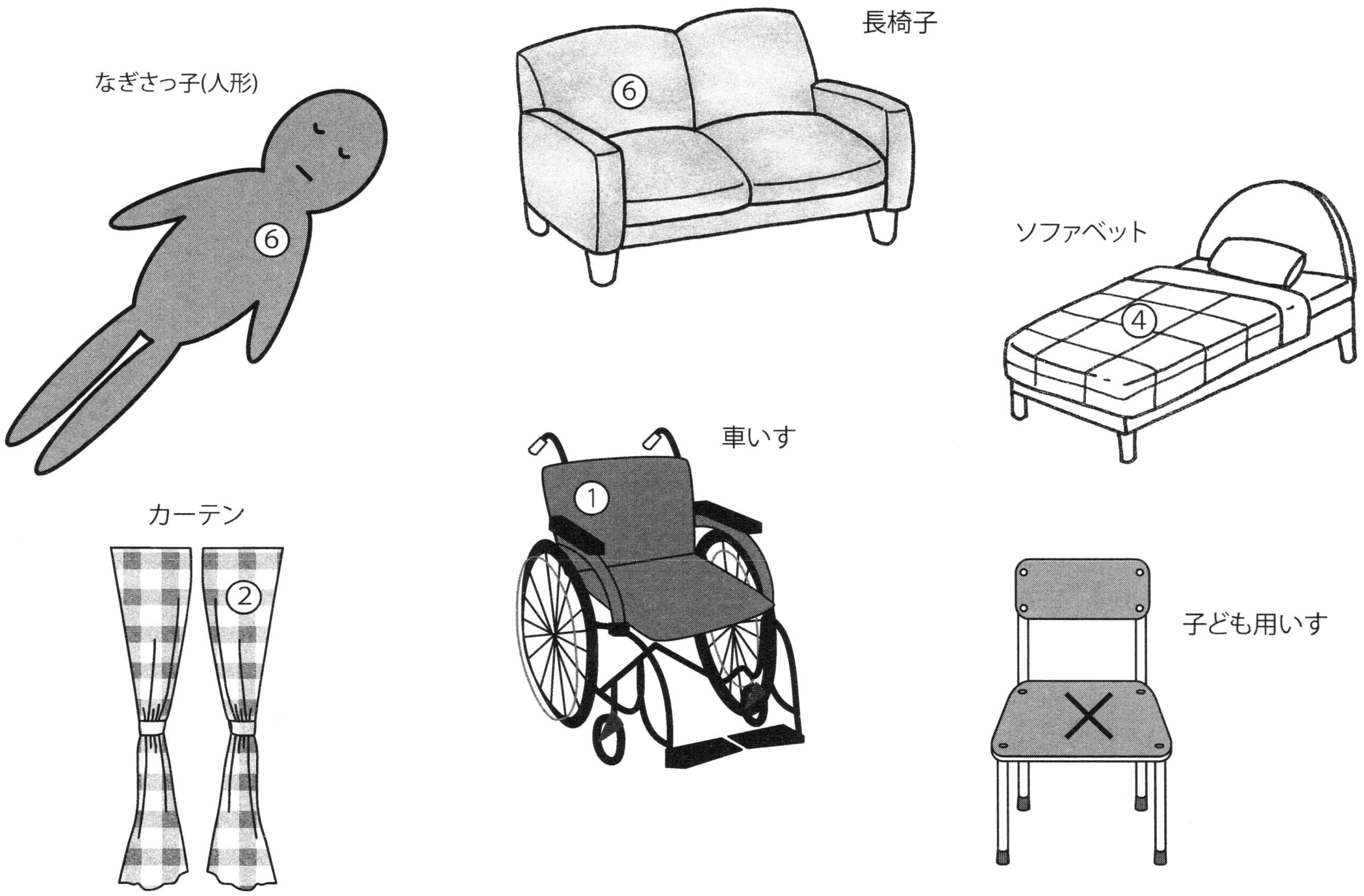

# 問題31

①

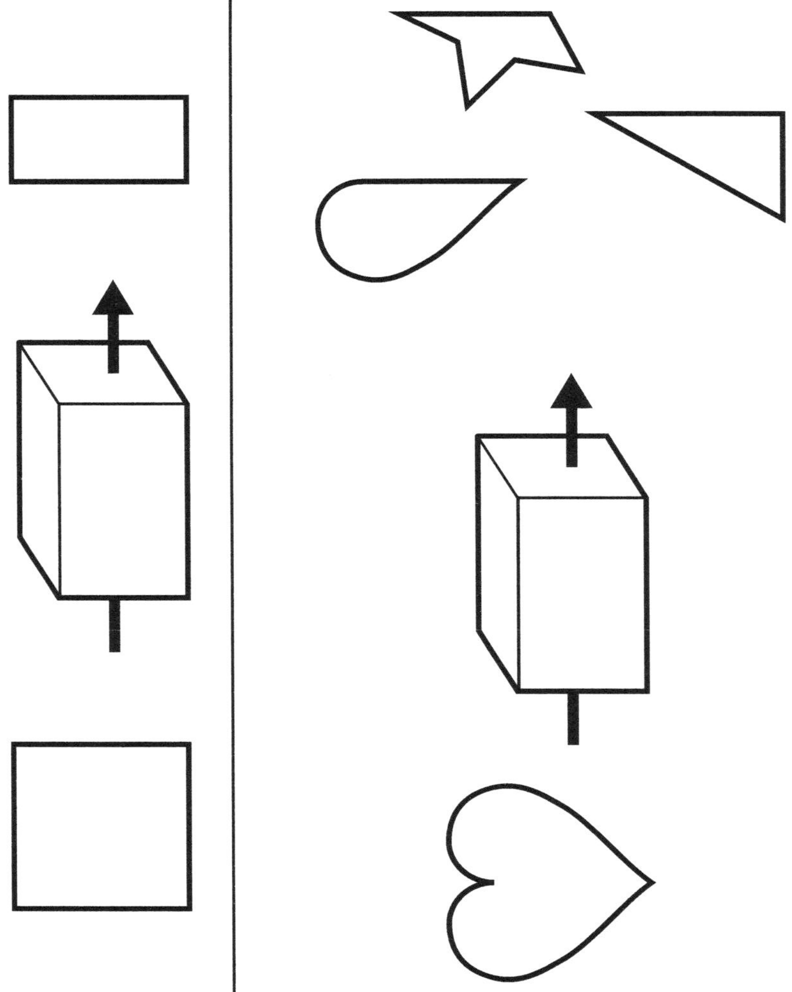

②

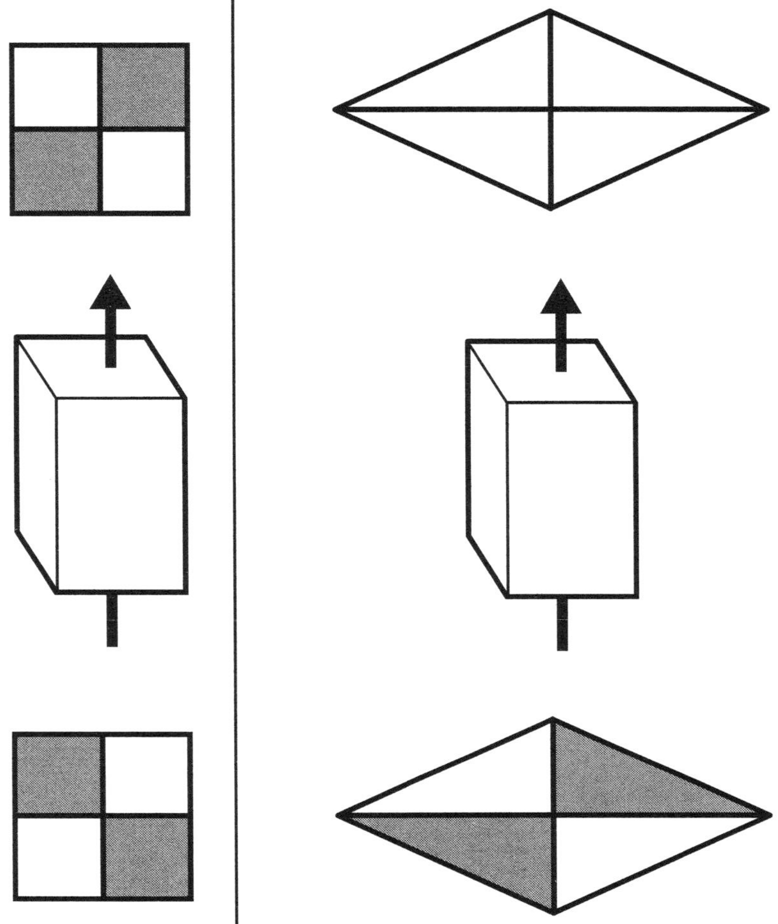

# 問題３２

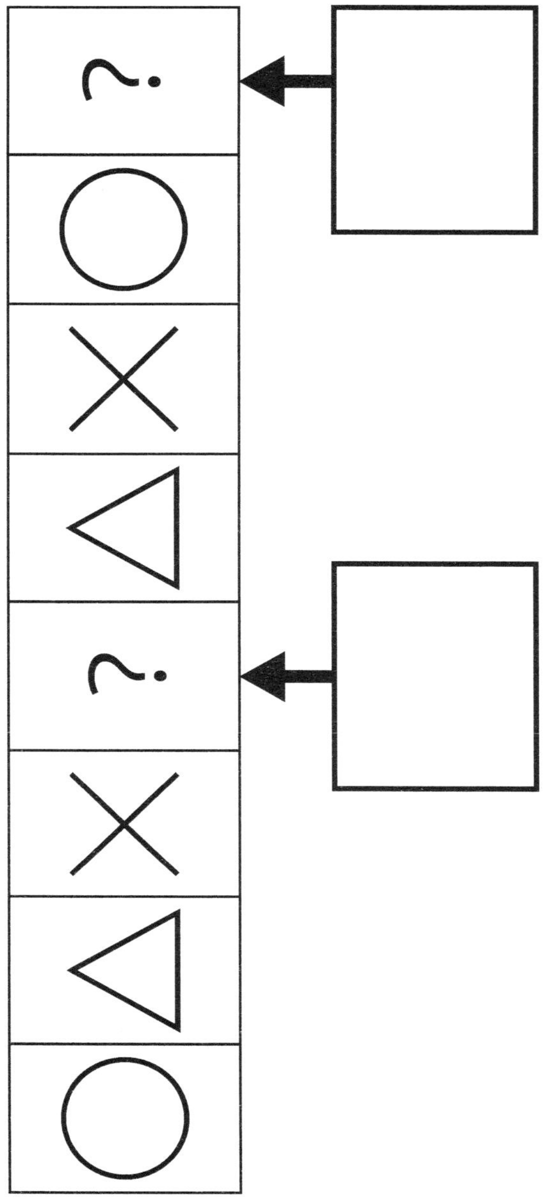

①

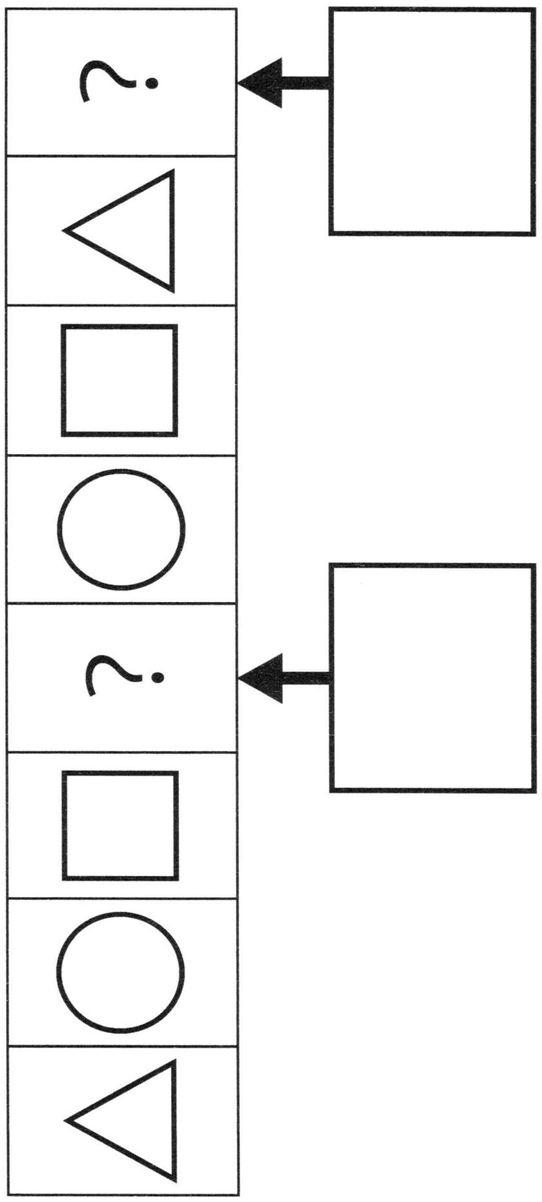

②

# 問題３３－１

★お手本

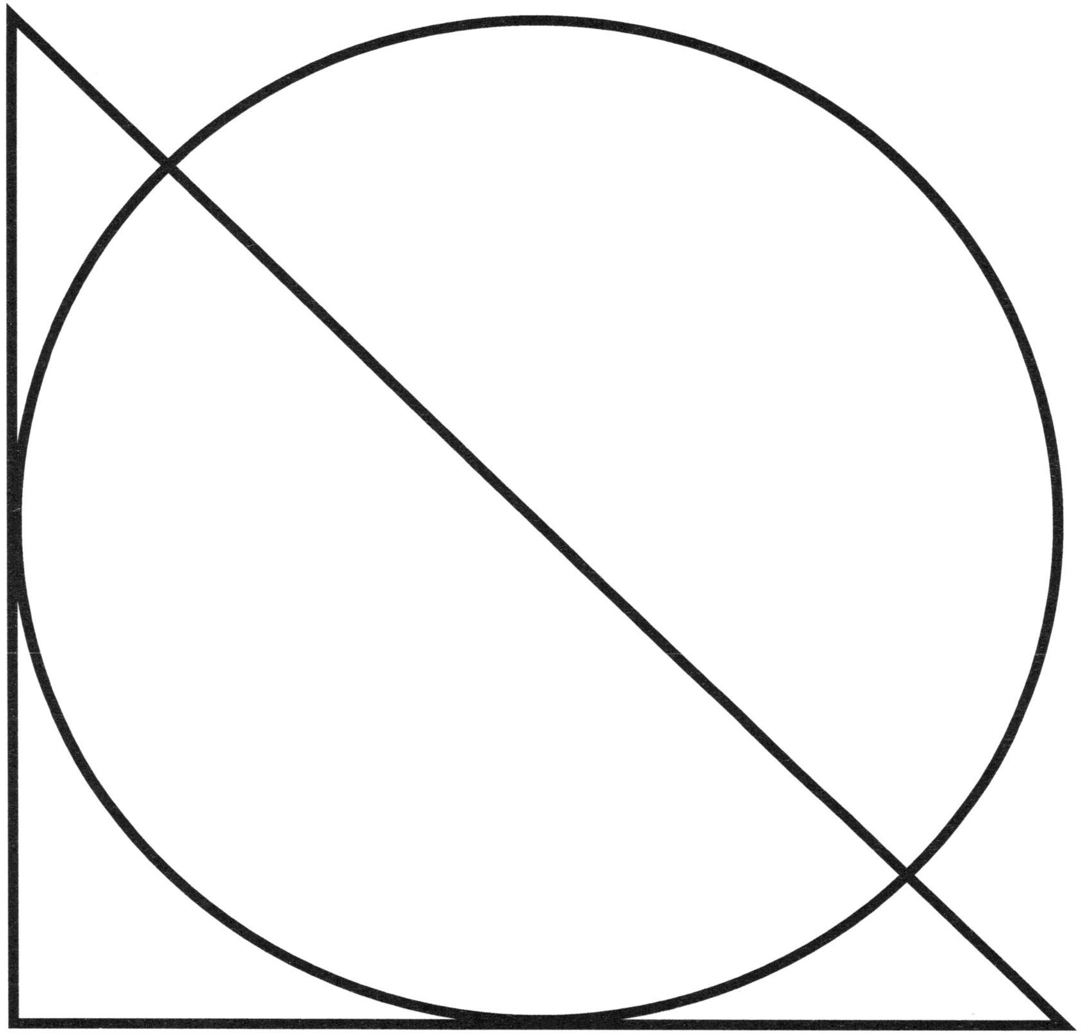

# 問題３３－２

## 安田学園安田小学校　専用注文書

年　　月　　日

# 合格のための問題集ベスト・セレクション

### ＊入試頻出分野ベスト３

| 1st お話の記憶 | 2nd 図　形 | 3rd 推　理 |
|---|---|---|
| 聞く力　集中力 | 観察力　思考力 | 思考力　観察力 |

当校のペーパーテストはとにかく問題数が多いので、正確に解くことはもちろん、解くスピードも求められます。内容は基礎から応用までさまざまですが、指示をよく聞き、理解してから答えるようにしてください。

| 分野 | 書　名 | 価格(税込) | 注文 | 分野 | 書　名 | 価格(税込) | 注文 |
|---|---|---|---|---|---|---|---|
| 図形 | Ｊｒ・ウォッチャー２「座標」 | 1,650円 | 冊 | 図形 | Ｊｒ・ウォッチャー47「座標の移動」 | 1,650円 | 冊 |
| 図形 | Ｊｒ・ウォッチャー４「同図形探し」 | 1,650円 | 冊 | 言語 | Ｊｒ・ウォッチャー49「しりとり」 | 1,650円 | 冊 |
| 図形 | Ｊｒ・ウォッチャー７「迷路」 | 1,650円 | 冊 | 巧緻性 | Ｊｒ・ウォッチャー51「運筆①」 | 1,650円 | 冊 |
| 数量 | Ｊｒ・ウォッチャー15「比較」 | 1,650円 | 冊 | 巧緻性 | Ｊｒ・ウォッチャー52「運筆②」 | 1,650円 | 冊 |
| 言語 | Ｊｒ・ウォッチャー17「言葉の音遊び」 | 1,650円 | 冊 | 知識 | Ｊｒ・ウォッチャー55「理科②」 | 1,650円 | 冊 |
| 言語 | Ｊｒ・ウォッチャー18「いろいろな言葉」 | 1,650円 | 冊 | 言語 | Ｊｒ・ウォッチャー60「言葉の音（おん）」 | 1,650円 | 冊 |
| 記憶 | Ｊｒ・ウォッチャー19「お話の記憶」 | 1,650円 | 冊 | | 1話５分の読み聞かせお話集①・② | 各 1,980円 | 冊 |
| 記憶 | Ｊｒ・ウォッチャー20「見る記憶・聴く記憶」 | 1,650円 | 冊 | | お話の記憶 初級編 | 2,860円 | 冊 |
| 巧緻性 | Ｊｒ・ウォッチャー25「生活巧緻性」 | 1,650円 | 冊 | | お話の記憶 中級編・上級編 | 各 2,200円 | 各　冊 |
| 知識 | Ｊｒ・ウォッチャー27「理科」 | 1,650円 | 冊 | | 新 ノンペーパーテスト問題集 | 2,860円 | 冊 |
| 推理 | Ｊｒ・ウォッチャー31「推理思考」 | 1,650円 | 冊 | | 新 口頭試問・個別テスト問題集 | 2,750円 | 冊 |
| 知識 | Ｊｒ・ウォッチャー34「季節」 | 1,650円 | 冊 | | 実践 ゆびさきトレーニング①・②・③ | 各 2,750円 | 各　冊 |
| 数量 | Ｊｒ・ウォッチャー37「選んで数える」 | 1,650円 | 冊 | | 新 小学校受験の入試面接Ｑ＆Ａ | 2,860円 | 冊 |
| 数量 | Ｊｒ・ウォッチャー42「一対多の対応」 | 1,650円 | 冊 | | 保護者のための面接最強マニュアル | 2,200円 | 冊 |

| 合計 | 冊 | 円 |
|---|---|---|

| （フリガナ）<br>氏　名 | 電　話<br>ＦＡＸ<br>E-mail |
|---|---|
| 住 所 〒　　　－ | 以前にご注文されたことはございますか。<br>有　・　無 |

★お近くの書店、または記載の電話・FAX・ホームページにてご注文をお受けしております。
電話：03-5261-8951　FAX：03-5261-8953　代金は書籍合計金額＋送料がかかります。
※なお、落丁・乱丁以外の理由による商品の返品・交換には応じかねます。
★ご記入頂いた個人に関する情報は、当社にて厳重に管理致します。なお、ご購入の商品発送の他に、当社発行の書籍案内、書籍に関する調査に使用させて頂く場合がございますので、予めご了承ください。

日本学習図書株式会社
http://www.nichigaku.jp

**なぎさ公園小学校　専用注文書**

年　　月　　日

# 合格のための問題集ベスト・セレクション

## ＊入試頻出分野ベスト３

| 1st 行動観察 | 2nd 口頭試問 | 3rd 推　理 |
|---|---|---|
| 公　衆 / 聞く力 | 話す力 / 聞く力 | 思考力 / 観察力 |

適性検査Ａと呼ばれる口頭試問と適性検査Ｂと呼ばれる集団での行動観察が行われます。ペーパーテストは口頭試問の中で行われています。慣れていないと普段の力が発揮できなくなってしまうので注意しておきましょう。

| 分野 | 書　名 | 価格(税込) | 注文 | 分野 | 書　名 | 価格(税込) | 注文 |
|---|---|---|---|---|---|---|---|
| 図形 | Ｊｒ・ウォッチャー４「同図形探し」 | 1,650円 | 冊 | | １話５分の読み聞かせお話集①・② | 1,980円 | 各　冊 |
| 推理 | Ｊｒ・ウォッチャー６「系列」 | 1,650円 | 冊 | | お話の記憶 初級編 | 2,860円 | 冊 |
| 記憶 | Ｊｒ・ウォッチャー19「お話の記憶」 | 1,650円 | 冊 | | お話の記憶 中級編・上級編 | 各2,200円 | 各　冊 |
| 記憶 | Ｊｒ・ウォッチャー20「見る記憶・聴く記憶」 | 1,650円 | 冊 | | 実践 ゆびさきトレーニング①・②・③ | 各2,750円 | 各　冊 |
| 創造 | Ｊｒ・ウォッチャー21「お話作り」 | 1,650円 | 冊 | | 新 運動テスト問題集 | 2,420円 | 冊 |
| 巧緻性 | Ｊｒ・ウォッチャー23「切る・貼る・塗る」 | 1,650円 | 冊 | | 新 口頭試問・個別テスト問題集 | 2,750円 | 冊 |
| 巧緻性 | Ｊｒ・ウォッチャー25「生活巧緻性」 | 1,650円 | 冊 | | 新 ノンペーパーテスト問題集 | 2,860円 | 冊 |
| 運動 | Ｊｒ・ウォッチャー27「理科」 | 1,650円 | 冊 | | 新 小学校受験の入試面接Ｑ＆Ａ | 2,860円 | 冊 |
| 観察 | Ｊｒ・ウォッチャー28「運動」 | 1,650円 | 冊 | | 家庭で行う面接テスト問題集 | 2,200円 | 冊 |
| 推理 | Ｊｒ・ウォッチャー29「行動観察」 | 1,650円 | 冊 | | 保護者のための面接最強マニュアル | 2,200円 | 冊 |
| 推理 | Ｊｒ・ウォッチャー32「ブラックボックス」 | 1,650円 | 冊 | | 新 小学校受験 願書・アンケート文例集500 | 2,860円 | 冊 |
| 図形 | Ｊｒ・ウォッチャー51「運筆①」 | 1,650円 | 冊 | | 小学校受験で知っておくべき125のこと | 2,860円 | 冊 |
| 巧緻性 | Ｊｒ・ウォッチャー52「運筆②」 | 1,650円 | 冊 | | 口頭試問最強マニュアル　ペーパーレス編 | 2,200円 | 冊 |
| 巧緻性 | Ｊｒ・ウォッチャー55「理科②」 | 1,650円 | 冊 | | 口頭試問最強マニュアル　生活体験編 | 2,200円 | 冊 |

| 合計 | 冊 | 円 |
|---|---|---|

| （フリガナ）<br>氏　名 | 電　話<br>ＦＡＸ<br>E-mail |
|---|---|
| 住 所　〒　　　－ | 以前にご注文されたことはございますか。<br>有　・　無 |

★お近くの書店、または記載の電話・FAX・ホームページにてご注文をお受けしております。
電話：03-5261-8951　FAX：03-5261-8953　代金は書籍合計金額＋送料がかかります。
※なお、落丁・乱丁以外の理由による商品の返品・交換には応じかねます。
★ご記入頂いた個人に関する情報は、当社にて厳重に管理致します。なお、ご購入の商品発送の他に、当社発行の書籍案内、書籍に関する調査に使用させて頂く場合がございますので、予めご了承ください。

日本学習図書株式会社
http://www.nichigaku.jp

## 家庭学習をトータルサポート！ ニチガクのオリジナル 効果的 学習法

### 1 まずは アドバイスページを読む！

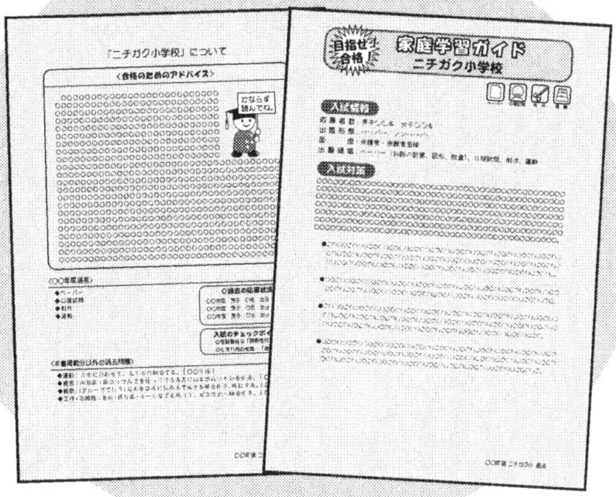


ピンク色です

対策や試験ポイントがぎっしりつまった「家庭学習ガイド」。しっかり読んで、試験の傾向をおさえよう！

### 2 問題をすべて読み、出題傾向を把握する

### 3 「学習のポイント」で学校側の観点や問題の解説を熟読

### 4 はじめて過去問題にチャレンジ！

### 5 プラスα 対策問題集や類題で力を付ける

## 過去問のこだわり

**最新問題は問題ページ、イラストページ、解答・解説ページが独立しており、お子さまにすぐに取り掛かっていただける作りになっています。**
**ニチガクの学校別問題集ならではの、学習法を含めたアドバイスを利用して効率のよい家庭学習を進めてください。**

各問題のジャンル

**問題8**　分野：図形（構成・重ね図形）

〈準備〉　鉛筆、消しゴム

〈問題〉　①この形は、左の三角形を何枚使ってできていますか。その数だけ右の四角に○を書いてください。
②左の絵の一番下になっている形に○をつけてください。
③左には、透明な板に書かれた3枚の絵があります。この絵をそのまま3枚重ねると、どうなりますか。右から選んで○をつけてください。
④左には、透明な板に書かれた3枚の絵があります。この絵をそのまま3枚重ねると、どうなりますか。右から選んで○をつけてください。

〈時間〉　各20秒

〈解答〉　①○4つ　②中央　③右端　④右端

*学習のポイント*

空間認識力を総合的に観ることができる問題構成といえるでしょう。これらの3問を見て、どの問題もすんなりと解くことができたでしょうか。当校の入試は、基本問題は確実に解き、難問をどれだけ正解するかで合格が近づいてきます。その観点からいうなら、この問題は全問正解したい問題に入ります。この問題も、お子さま自身に答え合わせをさせることをおすすめいたします。自分で実際に確認することでどのようになっているのか把握することが可能で、理解度が上がります。実際に操作したとき、どうなっているのか。何処がポイントになるのかなど、質問をすると、答えることが確認作業になるため、知識の習得につながります。形や条件を変え、色々な問題にチャレンジしてみましょう。

【おすすめ問題集】
Jr.ウォッチャー45「図形分割」

### 学習のポイント

各問題の解説や学校の観点、指導のポイントなどを教えます。
今日から保護者の方が家庭学習の先生に！

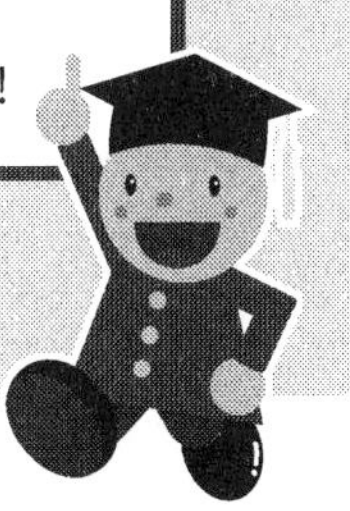

### おすすめ対策問題集

分野ごとに対策問題集をご紹介。苦手分野の克服に最適です！
＊専用注文書付き。

2024年度版 広島県版 私立小学校 過去問題集

発行日　2023年7月11日
発行所　〒162-0821 東京都新宿区津久戸町 3-11-9F
日本学習図書株式会社
電　話　03-5261-8951 ㈹



ISBN978-4-7761-5532-4

C6037 ¥2500E

定価 2,750 円
(本体 2,500 円＋税 10%)

9784776155324

1926037020004

詳細は http://www.nichigaku.jp 日本学習図書 検索

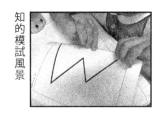

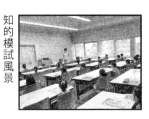

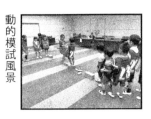

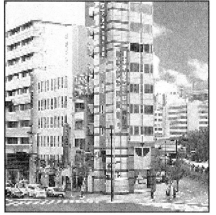